AF433489

GESTIÓN DE RIESGOS:
cómo cumplir objetivos
en el ámbito personal y empresarial

DIEGO FIORITO

GESTIÓN DE RIESGOS:
cómo cumplir objetivos
en el ámbito personal y empresarial

Buenos Aires 2020

Acerca del Autor

Diego Fiorito nació en 1972 en Buenos Aires, Argentina. Estudió Economía en la Universidad Católica Argentina, completó sus estudios con un Posgrado en Finanzas en la Universidad de San Andrés y un M.B.A. en Hult International Business School, en Boston, Estados Unidos. Adicionalmente, complementó su formación académica con las certificaciones internacionales CFA, FRM, ISO 22 301 e ISO 31 000.

Gestionó riesgos de crédito en el Scotiabank, de mercado en el BankBoston y en Bladex, de balance y estructurales en Bladex y BCIE y fue responsable de la gestión integral de riesgos en BCIE y HSBC (negocio de Asset Management). Asimismo, fue responsable de la toma de riesgos en Scotiabank (portfolio manager), BankBoston (trader y sales), Bladex (portafolio de inversión y productos estructurados) y BCIE (capital, liquidez y tasa de interés).

Participó como expositor en diversos eventos internacionales de riesgo en Panamá, Honduras, Guatemala y República Dominicana.

Esta es su segunda obra, tras La oportunidad para cambiar en la cual relata la realidad de la República Argentina (con sus altibajos, volatilidad, recurrentes crisis y situaciones que tanto angustian a los argentinos) y cuya misión es sembrar la idea de que se presenta una oportunidad para cambiar.

Contenido

CAPÍTULO X.
MECANISMOS PARA GESTIONAR O MITIGAR EL RIESGO213

CAPÍTULO XI.
EL RIESGO CONVERTIDO EN UNA OPORTUNIDAD 237

CIERRE 243

BIBLIOGRAFÍA 245

Figuras

Tablas

Agradecimientos

A mi familia por su apoyo incondicional y su recurrente pregunta de "¿Cuándo estará listo el libro?"

A Mariana por su valiosa colaboración en temas que no eran su fuerte. A Rosario por la paciencia con las fotografías.

A mi madre, Dolores y Pepe por sus recomendaciones.

A Luciana Fernandez Verbena por la edición y corrección de mis ideas. A Cata Perkins de Lengua Gráfica por el diseño de tapa y contratapa. A Verónica y Alberto por sus contribuciones.

UNA BREVE INTRODUCCIÓN AL RIESGO

A fines del año 2019, se detectó la aparición de un síndrome respiratorio agudo en la ciudad de Wuhan, provincia de Hubei, en la República Popular China. El último día del año (31 de diciembre de 2019), las autoridades sanitarias de Wuhan informaron sobre la aparición de veintisiete personas diagnosticadas con un síndrome respiratorio agudo grave de origen desconocido hasta ese momento. La enfermedad estaba ocasionada por el virus coronavirus 2 y se la denominó SARS-CoV-2 (coronavirus). Aparentemente, se habría transmitido de un huésped animal a uno humano.

En los primeros meses del año 2020, a medida que los individuos fueron viajando desde Wuhan hacia otros países, se comenzaron a contagiar miles, cientos y millones de personas. El virus se transmite de persona a persona cuando estas están en contacto estrecho, pero también a través de superficies contaminadas.

Los diferentes gobiernos, de casi todo el mundo, reaccionaron ante este "riesgo". Entendiéndolo como un riesgo el que las personas se contagiarán con facilidad, se enfermarán, necesitarán internación médica y que, según sus circunstancias, pudieran fallecer.

Para protegerse ante la pandemia y evitar los contagios, varios gobiernos tomaron acciones para manejar o mitigar el riesgo: cerraron fronteras, restringieron las actividades y decidieron que las personas permanecieran en sus domicilios. Con estas acciones o "controles" procuraron evitar el aumento de los contagios, crear capacidades médicas, testear y rastrear los casos para erradicar la enfermedad.

El "impacto" de la materialización del riesgo era el contagio, la falta de camas o unidades de terapia intensiva, deficientes sistemas de salud y el eventual fallecimiento de personas contagiadas. La "probabilidad" de contagio es alta (si uno tiene contacto estrecho con una persona infectada) y la probabilidad de muerte es alrededor del 5% si uno se infecta (y mayor para personas vulnerables).

La "gestión" de este riesgo creaba un nuevo riesgo a medida que se extendía el aislamiento obligatorio: el riesgo del encierro. Mientras se extendía el aislamiento, aumentaba el riesgo psicológico de las personas e incluso el riesgo del deterioro físico.

Con este ejemplo, lo que quiero decir es que todos gestionamos riesgos en nuestra vida. Cuando adquirimos un seguro para el hogar o un seguro automotor estamos trasladándole el riesgo de que pase algo con un automóvil o una casa a un tercero. Cuando llevamos un paraguas nos cubrimos del riesgo de mojarnos. Cuando salimos una hora antes de algún lugar para llegar a un destino a tiempo, gestionamos el riesgo de llegar tarde.

Este libro busca ayudar a las personas a identificar los riesgos que les podrían afectar y darles herramientas para la gestión adecuada de ellos. Asimismo, se utilizarán ejemplos para hacerlo didáctico y que pueda ser útil tanto para una persona novata en la materia como para una persona con conocimientos del tema.

El proceso de gestión de riesgos presentado aquí se basa en la metodología establecida en la norma codificada por la Organización Internacional de Normalización, también llamada Organización Internacional de Estandarización (en inglés: *International Organization for Standardization*, conocida por la abreviación ISO). El propósito de la Norma ISO 31 000 es proporcionar principios y directrices para la gestión de riesgos.

CAPÍTULO I.
CONCEPTOS GENERALES

¿Qué es el riesgo?

> *"Si todo es cuestión de suerte, la gestión de riesgos es un ejercicio sin sentido. Invocar suerte oscurece la verdad, porque separa un evento de su causa".*

PETER BERNSTEIN

La palabra riesgo deriva del antiguo término italiano *risicare* que quiere decir atreverse. Como cita Peter Bernstein en su best seller *Contra los dioses* (*Against the Gods*), el riesgo es una elección en lugar de un destino. La acción que nos atrevemos a tomar es de lo que se trata el riesgo; esa acción o decisión es lo que nos trae el riesgo.

El riesgo tiene que ver con el futuro. No es algo que haya pasado ni es algo que tengamos hoy; tiene que ver con algo que aún no ha sucedido, que puede pasar y que nos puede afectar de alguna manera.

Figura 1. Riesgo

Fuente: Concepto Definición, Riesgo (2020).
Disponible en: https://conceptodefinicion.de/riesgo/

Se define al riesgo como el efecto de la incertidumbre sobre los objetivos. En este sentido, hace referencia a potenciales eventos y sus consecuencias. Generalmente, expresamos un riesgo en términos de su impacto y probabilidad de ocurrencia.

Veamos algunos ejemplos de riesgos en la vida cotidiana:

- **Riesgo de contagio del coronavirus:** mientras no esté contagiado, el riesgo de contagiarme seguirá latente. La probabilidad de contagio será ínfima (cercana a cero) si una persona se mantiene encerrada en su casa sin contacto con ninguna otra persona (asumiendo que no debe salir de su casa para obtener alimento). En cambio, la probabilidad de contagio será muy alta si la persona sale constantemente de su casa, trabaja fuera, no toma las medidas de protección sanitaria correspondientes y se relaciona con otras personas constantemente. En términos de impacto, podría ser desde algo sin impacto (asintomático sin efectos), problemas respiratorios y hasta el fallecimiento. Habrá también factores de riesgo que mitiguen o agraven el eventual impacto (edad, problemas respiratorios, diabetes, entre otros).

- **Riesgo de crédito:** una entidad financiera se dedica a la intermediación de recursos y asume riesgo de crédito cada vez que realiza un préstamo a un individuo o empresa. La probabilidad de sufrir una pérdida dependerá de la calidad crediticia de la contraparte y su capacidad de repago. El impacto de la pérdida dependerá del monto prestado y de las garantías que se habrían establecido.

- **Riesgo de pérdida de un activo:** teniendo la propiedad de cualquier activo (casa, auto, computadoras, ganado), el riesgo es perder la propiedad de ese activo. Las causas podrían ser varias: robo, fraude, destrucción, incendio, entre otros. Generalmente, la mitigación del riesgo se da a través de la contratación de un seguro.

Para tener una estructura uniforme, es preferible tener los riesgos estructurados (redactados) de una forma consistente. Esta es una forma de redactarlos: como resultado de <causa definida / causas>,

<este evento inesperado> podría ocurrir, el cual pudiera producir <este efecto sobre los objetivos>.

- **Causa:** un hecho definido y conocido.

- **Riesgo:** un evento incierto o circunstancia.

- **Consecuencias / Impactos:** un efecto directo sobre los objetivos.

Figura 2. Redacción de un riesgo

Fuente: Elaboración propia.

Veamos un ejemplo gráfico de esto:

Figura 3. Ejemplo gráfico de redacción propuesta para un riesgo

Fuente: Dreamstime. Disponible en: https://www.dreamstime.com/pedestrian- accident-vector-illustration-man-smartphone-crosswalk-danger-road-careless-young- dangereous-way-safety-internet-image181892738.

Veamos la redacción del riesgo presentado en la Figura anterior:

Como resultado de <que vengo cruzando la calle y que vengo distraído>,

<podría sufrir un accidente>, el cual pudiera producir <una lesión física y costos médicos>.

A continuación, se presentan algunas de las variables que entran en consideración para la identificación y gestión de los riesgos:

- **Amenaza**: es cualquier cosa que puede explotar una vulnerabilidad. Factor externo de riesgo. En el caso del ejemplo es el automóvil que viene.

- **Vulnerabilidad**: una debilidad propia que puede ser explotada por una amenaza. Factor interno de riesgo que podría permitir la materialización de un riesgo. En el caso del ejemplo la persona viene distraída.

Otros conceptos de riesgos:

- **Exposición**: es el máximo daño o pérdida que se puede sufrir si ocurre un evento: ¿qué es lo máximo que se puede perder? El riesgo aumenta a medida que aumente la exposición. Por ejemplo, en el caso de un préstamo, la exposición o máxima pérdida posible es el monto del préstamo. En el caso del riesgo de mercado (o de un precio) será otro el cálculo y dependerá de la exposición y de la volatilidad de su precio.

- **Volatilidad**: hace referencia a cuan incierto será el futuro. La volatilidad es la variabilidad de los posibles resultados. A mayor volatilidad, mayor riesgo.

- **Stop loss**: establecer una máxima pérdida.

- **Impacto**: en cuanto a los impactos, consecuencias o efectos, podemos identificar:

- Pérdidas de vidas humanas o accidentes.

- Pérdidas económicas. Puede incluir reprocesos, pérdidas de tiempo. Incluye multas por incumplimientos o daños a terceros.

- Costo de oportunidad. Es el caso de un dinero que quedó sin invertir durante el fin de semana; representa un costo de oportunidad por los dos días de intereses perdidos.
- Pérdidas de reputación: baja la confianza de las partes interesadas en la organización y en sus actividades.

Ya dijimos que el riesgo representa el efecto de la incertidumbre en el logro de los objetivos. Generalmente, se determina el riesgo como la probabilidad por el impacto. Tal y como se detalla en esta fórmula:

$$\text{Riesgo} = \text{Probabilidad} \times \text{Impacto}$$

- **Probabilidad de Ocurrencia**: se refiere a la posibilidad de que ocurra un evento de riesgo que resulta en una pérdida. La probabilidad de un evento es la división entre los casos favorables sobre todos los casos posibles de ocurrencia del mismo.
- *Probabilidad (x) = (Número de casos favorables) / (Número de casos posibles)*
- Veamos algunos ejemplos:
- La probabilidad de sacar un 1 con un dado es 16% (1/6).
- La probabilidad de sacar un oro de un mazo de 40 naipes es 25% (10/40).
- La probabilidad de sacar el As de Espadas es 2,5% (1/40).
- La probabilidad de que tu casa sea dañada por un incendio en el próximo año es 0,000028 o 0,0028%.
- La probabilidad de morir en el futuro (basado en la ciencia) es de 100%, aunque hay una probabilidad diferente de morir de acuerdo a la edad. Como se muestra en la siguiente figura.

Figura 4. Probabilidad de morir en edad entre X e Y

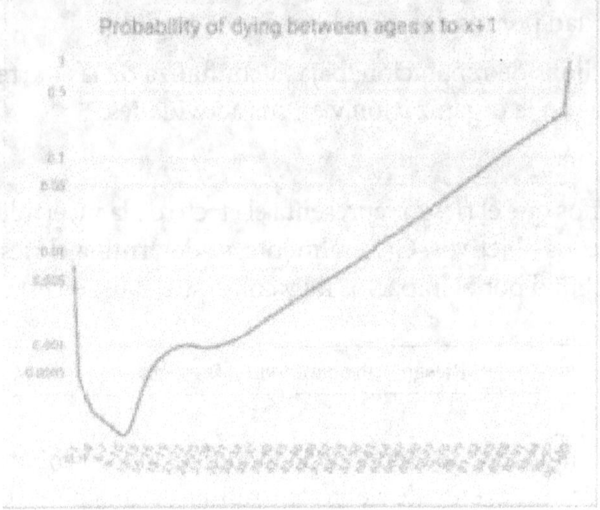

Fuente: Microsiervos

La gráfica anterior muestra las probabilidades de morir a lo largo de la vida de una persona. El eje horizontal marca las diferentes edades de una persona mientras que el eje vertical muestra la probabilidad que va de 0 a 1 (100%, muerte segura), como es habitual. En la Figura 4 puede verse el conocido efecto de que la mortalidad en el primer año de nacimiento sea relativamente alta (casi tanto como para los adultos de 54-55 años). El momento del nacimiento es crítico y cierto número de bebés mueren durante el parto o debido a complicaciones de diversos tipos al poco tiempo de nacer.

- **Impacto**: se refiere a los efectos que pudiera tener la materialización del riesgo. La probabilidad que el diarero tire el diario entre los arbustos o lejos de la puerta durante el año es alta; sin embargo, su impacto es bajo (inconveniente de buscar y eventualmente limpiar el diario). La probabilidad de que un rayo destruya tu casa es baja, pero el costo económico (impacto) sería considerable.

- **Materialización del riesgo**: hace referencia a la ocurrencia del evento que fue determinado con anterioridad como incierto.

- **Gestión del riesgo**: refiere a las actividades coordinadas para identificar, dirigir y controlar el riesgo.

Saltar desde la terraza de un edificio en Dubái con un paracaídas es una de las actividades humanas más riesgosas (la tasa de fatalidad es de 1 cada 60 participantes). Es una actividad de alto riesgo que solo es practicada por un número limitado de personas.

De acuerdo a estadísticas, la probabilidad de accidente o muerte es de 5 a 8 veces mayor que haciendo paracaidismo normal. Entonces, ¿por qué una persona normal tomaría tantos riesgos? Porque los que practican la actividad tienen un muy alto deseo de buscar actividades nuevas; buscan la novedad. Estas personas se aburren relativamente rápido de las cosas que hacen y por eso, buscan nuevos desafíos. Asimismo, tienen bajo sentido de evitar daños o accidentes. Por lo cual, son muy confiados frente al peligro y optimistas sobre sus resultados con bajo niveles de esfuerzo. Incluso algunos estudios señalan una característica genética en los comportamientos y actividades riesgosas[1].

Es importante distinguir el riesgo entre diferentes tipos de juegos. Por un lado, se encuentran los juegos como la ruleta, dados o máquinas en los cuales tiene que ver el destino. Por otro lado, están los juegos como: apostar a caballos, Backgammon o póker, donde se toman elecciones o son las decisiones las que determinan nuestro éxito o no. El uso de información y conocimiento de las probabilidades mejora nuestra capacidad de decisión y mejora así nuestra probabilidad de ganar.

El riesgo en la vida cotidiana

El riesgo está presente en nuestras vidas en muchos aspectos. Por esto, en este capítulo, quiero detallar algunos ejemplos sobre elementos cotidianos.

---

1 https://www.moneycrashers.com/manage-life-risks-make-better-decisions/

A) *Biblia*

En la Biblia aparecen casi una decena de citas que contienen la palabra riesgos. Buena parte de estas citas, implican un riesgo que está asociado a la muerte. En otras ocasiones, se muestra una acción, que aunque debería estar asociada a una consecuencia, se dice que no tiene un riesgo asociado. Veamos algunos de estos ejemplos[2]:

1. Citas que presentan graves consecuencias:

- «Y ellos no deberán permanecer en tu país, para que no te inciten a pecar contra mí. Porque entonces servirías a sus dioses, y eso sería un grave riesgo para ti». (Ex, 23:33)

- «Timoteo, que cayó en manos de los hombres de Dositeo y Sosípatro, les pidió con mucha habilidad que lo dejaran en libertad, porque los padres y hermanos de muchos de ellos estaban en su poder y corrían el riesgo de ser ejecutados». (Antiguo Testamento. / Segundo Libro de los Macabeos 12:24)

- «Vayan ahora rápidamente a avisarle a David. Díganle: "No te quedes esta noche en los desfiladeros del desierto. Apresúrate en atravesar, si no el rey y su ejército corren el riesgo de ser aniquilados"». (Antiguo Testamento. / Segundo Libro de Samuel 17:16 / El consejo de Ajitofel, frustrado por Cusaí.)

- «De esa manera, no solamente nuestra profesión está amenazada de caer en el descrédito, sino que el templo mismo de la gran diosa Diana corre el riesgo de ser tenido por nada, y aquella a quien adoran toda el Asia y el mundo entero, terminará por quedar despojada de su prestigio» (Nuevo Testamento / Hechos de los Apóstoles 19:27 / San Pablo, en Efeso). En este pasaje, en particular, se aprecia un impacto en la reputación, no como en los otros casos que son consecuencias cercanas a la muerte.

- «Porque corremos el riesgo de ser acusados de sediciosos, a causa de lo que acaba de suceder, ya que no tenemos ningún motivo para justificar este tumulto». Y con estas palabras, disolvió la asamblea. (Nuevo Testamento / Hechos de los Apóstoles 19:40 / San Pablo, en Efeso.)

---

2 http://www.vatican.va/archive/ESL0506/4/UU.HTM

- «Amigos, veo que la navegación no podrá continuar sin riesgo y sin graves pérdidas, no sólo para la carga y el barco, sino también para nuestras propias vidas». (Nuevo Testamento / Hechos de los Apóstoles 27:10 / De viaje para Roma.)

- «Como ya hacía tiempo que no comíamos, Pablo, de pie en medio de todos, les dijo: "Amigos, debían haberme hecho caso: si no hubiéramos partido de Creta, nos hubiéramos ahorrado este riesgo y estas graves pérdidas"». (Nuevo Testamento / Hechos de los Apóstoles 27:21 / De viaje para Roma.)

2. Citas en las que no se percibe que la acción tenga una consecuencia o impacto:

- «Cuando Nicanor se enteró que Judas y sus hombres estaban por el lado de Samaría, se decidió a atacarlos sin riesgo un día sábado». (Antiguo Testamento. / Segundo Libro de los Macabeos 15:01 / Victoria de Judas y muerte de Nicanor.)

- «Todo el que los encontraba los devoraba, y sus enemigos decían: "No corremos riesgos, pues pecaron contra Yavé, morada segura, en el que confiaban sus padres"». (Antiguo Testamento. / Jeremías 50:07 / Caída de Babilonia y liberación de Israel).

B) *Constitución de los Estados Unidos de América*

Un objetivo central de la Convención cuando redactó la Constitución fue establecer un gobierno con suficiente poder para actuar a nivel nacional, pero procurando que los derechos fundamentales de las personas estuviesen a salvo. Esto quiere decir, evitando el riesgo de limitar los derechos fundamentales de sus ciudadanos.

Para ese fin, separaron el poder del gobierno en tres ramas y luego introdujeron controles y equilibrios en esos poderes para asegurar que ninguna rama del gobierno obtuviera un poder absoluto. Su preocupación provenía por la experiencia que los delegados habían tenido con el Rey de Inglaterra y su poderoso Parlamento[3].

---

3 https://www.whitehouse.gov/about-the-white-house/the-constitution/

Veamos algunos de los controles establecidos en la Constitución de los Estados Unidos de América, que grafican lo anteriormente expresado:

- Art. 1: El poder legislativo recae sobre el Congreso, que consiste en dos Cámaras (Senado y Representantes).

- Sec. 2, 1: Establecen ciertos requisitos y calificaciones para ser representante o senador (entre ellas: ser mayor de veinticinco años, tener más de siete años como ciudadano del país, quien se postule debe ser ciudadano del lugar por el cual van a ser elegidos).

- Para modificar la Constitución se requiere 2/3 de cada cámara.

- Art. 2, 1-5: El poder ejecutivo recae sobre el presidente por cuatro años. Este solo puede ser un ciudadano nativo, mayor de treinta y cinco años y poseer catorce años como residente.

- Art. 5: Ninguna persona será retenida para responder por un delito capital u otros delitos, a menos que sea acusado por un juez (o excepciones como la guerra). Una persona no responderá dos veces por la misma ofensa, ni será obligado, en ningún caso penal, a ser testigo contra sí mismo, ni a ser privado de la vida, la libertad o la propiedad, sin el debido proceso legal; ni se tomará propiedad privada para uso público, sin justa compensación.

El riesgo de la fatalidad

Como expliqué anteriormente, buena parte de las actividades que realizamos cotidianamente tienen un riesgo. Las consecuencias podrían ser lesiones, accidentes o incluso la muerte.

Todos le tenemos miedo a la muerte, con lo cual podría considerarse un riesgo (incertidumbre sobre lo que podría pasar en el futuro). Sin embargo, la muerte es algo que sucederá sin excepciones.

De acuerdo a un estudio del 2017 realizado en los Estados Unidos por el *National Center for Health Statistics*, las causas de mortalidad más frecuentes en dicho país son las siguientes (en orden descendiente): enfermedades del corazón, cáncer, accidentes, fallas respiratorias, derrames cerebrales, Alzheimer y diabetes[4].

Dentro de sus estadísticas, presentan las tasas de mortalidad de diferentes actividades y hay algunas que pueden presentarse como interesantes a fines de este trabajo.

A) *Deportes*

Según el informe *Deaths: Leading Causes for 2017*, es más riesgoso esquiar que hacer *snow boarding*, ya que la tasa de mortalidad de hacer este deporte es de 0,455 por millón de personas; mientras que la tasa de mortalidad del esquí es de 0,702 por millón de participantes. Por otra parte, como pensaríamos, hacer esquí de travesía tiene un menor riesgo (menor tasa de mortalidad 0,11 por millón de participantes)[5].

Entre las actividades deportivas con mayor riesgo (mayor tasa de mortalidad) se encuentran: montañismo (0,5988 por cada 100 participantes), aladeltismo (0,1786 por cada 100), paracaidismo (0,1754 por cada 100), boxeo (0,0455 por cada 100), buceo (0,0029 por cada 100) o futbol americano (0,002 por cada 100).

Por otro lado, en cuanto a la tasa de mortalidad en una carrera de autos es de 1 por cada 100, en una carrera de motos 0,1 por cada 100, haciendo canoa 0,01 por cada 100, jugando al futbol o al rugby 0,001 por cada 100 y corriendo o nadando 0,0001 por cada 100.

B) *Medios de transporte*

Asimismo, el estudio presenta los riesgos que asumimos cuando utilizamos cualquier medio de transporte. El riesgo de morir en un accidente de automóvil es de 0,0149 por cada 100, el riesgo de morir en un accidente de motos es de 0,2808 por cada 100, mientras que el riesgo de morir en un accidente aéreo es de 0,00166 por cada 100. Dentro de la aviación, se destaca que el riesgo de un avión privado es tres veces superior al riesgo de un avión comercial.

---

4   http://www.cdc.gov/nchs/fastats/lcod.htm
5   https://www.besthealthdegrees.com/health-risks/

En este sentido, vemos que el riesgo del avión es menor al de un automóvil o una moto.

Adicionalmente, cabe aclarar que el riesgo que se ha presentado es el de la fatalidad; a lo que habría que sumarle el riesgo de accidente y lesiones.

C) Otras estadísticas curiosas:

- Los hombres que fuman tienen 22 veces más probabilidad de tener cáncer de pulmón que un no fumador. Mientras que las mujeres tienen 12 veces más posibilidades de sufrir cáncer de pulmón.

- Fumar aumenta, en tres veces, el riesgo de morir de un ataque al corazón.

- La obesidad aumenta significativamente el riesgo de morir. Las personas que hayan tenido un mediano número de años con obesidad (entre cinco y quince) tienen el doble de probabilidades de morir, que una persona que no tuvo exceso de peso.

- La probabilidad de morir en un baile es de 0,001 por cada 100, en un juego de mesa 0,000001 por cada 100.

- Por último, la probabilidad de morir en un año se duplica cada ocho años.

Lesiones y accidentes

De acuerdo a un estudio de la Organización Mundial de la Salud (OMS), del año 2018, cada año se pierden aproximadamente 1,35 millones de vidas como consecuencia de los accidentes de tránsito. Adicionalmente, entre 20 millones y 50 millones de personas sufren traumatismos no mortales y muchos de esos traumatismos provocan una discapacidad[6].

Estas lesiones causadas por el tránsito ocasionan pérdidas económicas considerables para las personas, sus familias y los países en su conjunto (costos del tratamiento y de la pérdida de productividad de las personas que mueren o quedan discapacitadas por sus lesiones, y

---

6   https://www.who.int/es/news-room/fact-sheets/detail/road-traffic-injuries

del tiempo de trabajo o estudio que los familiares de los lesionados deben distraer para atenderlos).

Los accidentes de tránsito cuestan, a la mayoría de los países, el 3% de su PIB, por esto lo considero importante. Esto no solo implica un alto costo económico, sino que también implica lesiones, costos de oportunidad de personas que no pueden trabajar, sufrimientos de familiares y allegados, entre otras cosas.

A continuación presento los impactos de los accidentes de tránsito y algunas características particulares de sus estadísticas:

- Más del 90% de las defunciones causadas por accidentes de tránsito se producen en los países de ingresos bajos y medianos. Las tasas más elevadas se registran en África. Incluso, en los países de ingresos altos, las personas de nivel socioeconómico más bajo corren más riesgos de verse involucradas en este tipo de accidentes. Aparentemente, existiría una correlación entre el nivel socioeconómico (educación) y el nivel de accidentes de tránsito. Sobre la base de esto, se deduce que las personas con mayor educación toman las precauciones (o controles) necesarios. Asimismo, las carreteras de los países con mayor nivel socioeconómico tienen mejores condiciones y las reglas de tránsito son más estrictas.

- Las personas de entre 15 y 44 años representan casi la mitad de las defunciones por accidentes de tránsito en todo el mundo. Quiere decir, que a partir de los 44 años, las personas empiezan a tomar conciencia del riesgo y mejorar su conducción.

- Los hombres tienen más probabilidades que las mujeres de verse involucrados en accidentes de tránsito. Unas tres cuartas partes (73%) de todas las defunciones por accidentes de tránsito afectan a hombres menores de 25 años, que tienen tres veces más probabilidades de morir en un accidente de tránsito que las mujeres jóvenes.

En su informe, la OMS recomienda implementar medidas que disminuyan la probabilidad de accidentes de tránsito y reducir los impactos de esos accidentes. Así es que recomiendan un sistema de transporte seguro para todos los usuarios de las carreteras. En este sentido, son clave las condiciones de las carreteras y las banquinas, las velocidades seguras, los vehículos seguros y los usuarios de carreteras seguros.

En conclusión:

- El aumento de la velocidad promedio guarda relación directa con la probabilidad de que ocurra un accidente de tránsito y con la gravedad de sus consecuencias. Por ejemplo, un incremento de un 1% de la velocidad media del vehículo da lugar a un aumento del 4% en la incidencia de accidentes mortales y de un 3% en la de accidentes con traumatismos.

- El riesgo de defunción de un peatón golpeado por la parte frontal de un automóvil aumenta enormemente con la velocidad (se multiplica por 4,5 de 50 km/h a 65 km/h).

- En el caso de un impacto lateral entre automóviles que circulan a 65 km/h, el riesgo mortal para los pasajeros es del 85%.

- Usar correctamente un casco de motociclista puede reducir el riesgo de muerte casi en un 40% y el riesgo de lesiones graves en más del 70%.

- El uso del cinturón de seguridad disminuye entre un 45% y un 50% el riesgo de defunción de los ocupantes delanteros de un vehículo. En cuanto a los ocupantes de los asientos traseros, el cinturón, reduce en un 25% el riesgo de defunción y de traumatismos graves.

- El uso de los sistemas de sujeción para niños se puede traducir en una reducción del 60% en la mortalidad.

- Conducir bajo los efectos del alcohol aumenta el riesgo de un accidente con desenlace fatal o lesiones graves. En casos de conducción bajo los efectos del alcohol, el riesgo de accidente de tránsito comienza, incluso, con bajos niveles de concentración de alcohol en sangre (BAC) y aumenta considerablemente cuando el BAC del conductor es $\geq$ 0,04 g/dl.

- En los casos de conducción bajo los efectos de drogas, el riesgo de accidente de tránsito aumenta en diversos grados en función de la sustancia psicoactiva. Por ejemplo, el riesgo de accidente mortal de un consumidor de anfetaminas es unas cinco veces mayor que el de uno que no consume drogas.

El fenómeno del "cisne negro"

El 10 de abril de 1912 personal de cubierta cargaba el equipaje en el Titanic en Southampton. Una de las personas que estaba por subir al trasatlántico le preguntó a uno de los mozos: "¿Es verdad que este barco no se puede hundir?". El chico le contestó: "Así es. ¡Ni Dios mismo podría hundir este barco!".

Los pasajeros de este trasatlántico, que iniciaba así su primer viaje a Nueva York, no imaginaban lo que ocurriría unos días después. Lo mismo sucedió con la explosión de pandemia por el coronavirus, nadie imaginó todo lo que nos sucedió durante el año 2020; o ¿quién hubiera imaginado, en el 2001, que varios terroristas tomarían distintos aviones e iban a estrellarlos en las dos torres gemelas (entre otros objetivos)?

Estos sucesos, según Nassim Nicholas Taleb, ensayista, investigador y financiero libanés nacionalizado estadounidense, cree que en general la gente sobrestima el valor de las explicaciones racionales sobre datos del pasado y subestiman el peso de la aleatoriedad en los datos. Entre otros libros escritos por él, se destaca *El cisne negro* ((*The Black Swan: The Impact of the Highly Improbable*, 2007), donde explica que se denominan: cisnes negros. Este concepto se utiliza para describir un evento impensado y sorpresivo que tiene un impacto considerable y que nadie esperaba.

Si bien, en la práctica, estos eventos serían difíciles de prever, el tener una metodología rigurosa e integral para gestionar los riesgos puede ayudar considerablemente. Por ejemplo, el All England Club (responsable del torneo de tenis de Wimbledon) mantenía contratado un seguro que lo protegía contra pandemias, desde la aparición del virus SARS en el 2003. Al no poder realizar el torneo del año 2020, a causa del COVID-19, Wimbledon recibió una indemnización que, de alguna forma, compensó sus pérdidas.

En el Titanic, viajaban 2 223 personas; de las cuales sobrevivieron 706. El barco contaba con una capacidad para 64 botes salvavidas con una capacidad para 65 personas cada uno (4 160 personas), con lo cual hubieran podido alcanzar para la totalidad de pasajeros. Sin embargo, el barco solo llevó 20 barcos salvavidas (hubieran alcanzado para 1 300 personas o el 58% de los pasajeros). Asimismo, solo se consiguieron utilizar adecuadamente 16 de los mismos. Es decir, la gestión de los botes salvavidas no fue para nada adecuada.

En cuanto al atentado terrorista de las torres gemelas, los testimonios de los mandos de la policía, del cuerpo de bomberos y de la Autoridad Portuaria (propietaria de las Torres Gemelas del World Trade Center) evidenciaron, posteriormente, una falta de coordinación entre las agencias a la hora de gestionar la evacuación tras el atentado y antes del derrumbe. Además, les faltaba un plan de emergencia o de protocolos que permitiera ordenar la información para lidiar con la crisis. Por otro lado, los servicios de inteligencia no informaron a las autoridades locales de los riesgos de un atentado masivo, del cual tenían cierta información.

Lo que quiero demostrar es que, más allá de no conocer el futuro ni saber qué eventos pueden pasar, gestionar el riesgo adecuadamente nos dará herramientas y planes de acción que seguramente nos redunden en algún beneficio (como sucedió con All England Club). Sin dudas, tiene un costo asociado (el contratar un seguro o realizar acciones regulares de contingencia tiene un costo económico); pero nos permitirá mejor gestión ante estas eventualidades. Adicionalmente, una deficiente gestión hará que los costos y pérdidas de estos eventos sean mayores.

La relación entre la suerte y el riesgo

"Soy un gran creyente de la suerte y me doy cuenta de que cuanto más duro trabajo más suerte tengo."

¿Es suerte o es una adecuada gestión de riesgos? En muchas ocasiones, decimos que tal o cual persona han tenido suerte en su vida. Sin embargo, es realmente que han tenido suerte o es que han trabajado duro y gestionado adecuadamente los riesgos. Esto puede aplicar tanto para las personas como para las organizaciones y es por ello que, cada vez más, las organizaciones tienen unidades o departamentos especializados para la gestión del riesgo[7].

Como señala Fernando Broncano-Berrocal en su ensayo *Suerte como riesgo* (2014)[8], hay una clara relación entre la suerte y el riesgo. A mayor nivel de riesgo de un evento, mayor sería la suerte si el riesgo se materializa. Comenta que jugar a la ruleta rusa con una pistola de seis cartuchos cargada con cinco balas es más riesgoso que jugar con el mismo revolver pero cargado con una sola bala. El sobrevivir al primer juego es más afortunado que sobrevivir al segundo juego. Su conclusión es que a mayor riesgo involucrado, mayor la suerte si el evento no ocurre. Por otra parte, también señala la asociación que tendemos a hacer entre la suerte y la falta de control. Es decir, tendemos a asociar más a la suerte que a los eventos que están fuera de nuestro control[9].

Como ya dijimos, la gestión del riesgo es el proceso de identificación, análisis, evaluación, priorización y gestión de los riesgos. El objetivo de la gestión de riesgos es evitar que la incertidumbre impida el cumplimento de los objetivos. La incertidumbre genera efectos sobre las cosas que son importantes para nosotros.

Tanto en la vida privada como en la vida empresarial tenemos objetivos que cumplir e incertidumbre que puede impedir que los cumplamos. La función de riesgos es identificar y gestionar esa incertidumbre de manera realista y proactiva, haciendo que podamos cumplir de mejor manera los objetivos. Si somos reactivos a la identificación y gestión de riesgos nos estaremos alejando del cumplimiento de los objetivos. Una clave, en este sentido, es que cada riesgo tenga un responsable definido y que sea este quien lo gestione[10].

En síntesis, gestionar los riesgos es impedir que eventos con efectos dañinos sobre nosotros o nuestros bienes sucedan, también es reducir su impacto o reducir la probabilidad de que sucedan.

---

7   https://wealthandrisk.nz/risk-management-is-luck-management/
8   https://theflexprogroup.com/is-it-luck-or-good-risk-management/
9   https://philpapers.org/archive/BROLAR-9.pdf
10 https://www.mha-it.com/2020/01/29/risk-management/

Asimismo, la gestión del riesgo, por definición, es exponernos a los beneficios (oportunidades) de la incertidumbre y capitalizar sobre ellas cuando sucedan. Por ello, un modo de alcanzar objetivos de una manera más recurrente y consistente es gestionar los riesgos de manera proactiva y preventiva. Si una persona o una organización alcanzan más seguido sus principales objetivos, probablemente no sea producto de la suerte, después de todo. Probablemente, es que han gestionado los riesgos de una mejor manera.

Para aumentar nuestra suerte debemos exponernos a las posibilidades de la buena suerte y sus impactos, y reducir los efectos de eventos negativos. Por ello, la suerte y el riesgo van de la mano y ambos tienen efecto sobre nuestras vidas.

La alternativa a la gestión de riesgos es andar por la vida cruzando los dedos, esperando que los eventos que nos puedan perjudicar no sucedan y que la mala suerte no nos alcance. La gestión de riesgos introduce la racionalidad en el mundo irracional de la mala suerte. Identifica eventos negativos y nos protege.

Usamos mucho la frase: "Si no está roto, no lo arregles". Sin embargo, nos puede traer un problema en el futuro. Si un avión no está roto no significa que no le haremos el mantenimiento. Sería una locura. El mantenimiento preventivo y programado en la aviación hace que sea seguro volar. La industria química ha sido pionera en el desarrollo del concepto del *near miss* (cuasi-incidente o casi-accidente), para registrar aquello que casi ha ocurrido y desarrollar una solución antes de que ocurra.

Muchas veces sobrestimamos las probabilidades de ciertos eventos. En lo personal, el hecho de que nunca se haya quemado nuestra casa, no implica que no se pueda quemar en el futuro. Lo mismo le sucede a una empresa que tiene pocas pérdidas por impagos que la lleva a una falta de sensibilidad al riesgo (y por tanto, la necesidad de mejorar su gestión del mismo)[11].

---

11 http://dinaltia.com/themichaelbransonblog/la-suerte-y-la-gestion-de-credito/

Conflictos de interés

"Nunca le preguntes a un peluquero si necesita un corte de pelo".

Warren Buffet

Un conflicto de interés es aquella situación en la que el juicio de una persona (su interés primario) y la integridad de una acción que debe realizar, tienden a estar indebidamente influidos por un interés secundario (generalmente, económico o personal), prácticamente, todo el mundo tiene su propia agenda. Este podría ser el caso de un doctor que ante la consulta de un paciente le recomienda una operación, cuando podrían existir otras opciones. El doctor tiene un conflicto de interés, ya que se ve más beneficiado por los altos honorarios que tendría con la operación (mayores que realizar otra consulta al paciente). Citando otro ejemplo, podría ser el caso de un profesor de gimnasia que vende ciertas vitaminas a sus alumnos (recomienda y vende). Cuandouna persona trabaja en una organización, existe conflicto de interés cuando en el ejercicio de las labores, dentro de una institución, aparece una contraposición entre el interés propio y el interés organizacional.

En el caso de un funcionario público, existe un conflicto de intereses cuando se produce una confrontación entre el interés público y los intereses privados del funcionario; es decir, cuando este tiene intereses personales que podrían influir indebidamente sobre el desempeño de sus deberes y responsabilidades.

Generalizando, un conflicto de interés es toda situación en la cual una persona tenga un interés personal (directo o indirecto) en algo que influya de manera indebida en su criterio, sus decisiones o acciones. Se entiende como un interés personal directo si se beneficia a sí mismo e indirecto si beneficia a algunos de sus parientes, allegados o amigos.

Los conflictos de interés pueden ser:

- **Conflicto de interés real**: una persona enfrenta a un conflicto real y existente.

37

- **Conflicto de interés potencial**: una persona se encuentra o podría encontrarse en una situación que podría dar lugar, en el futuro, a un conflicto de interés.

- **Conflicto de interés aparente**: una persona se encuentra o podría encontrarse en una situación que podría percibirse como conflictiva, aunque de hecho no sea así.

Un conflicto de interés puede surgir de varias maneras, por ejemplo, como consecuencia de:

a) Un interés financiero.

b) Por la participación en otras actividades.

c) Por relaciones familiares o personales.

d) Regalos y favores.

Prevenir la existencia de situaciones que pueden generar conflictos de interés garantiza que la toma de decisiones sea adecuada. Por ello, se requiere de un marco adecuado para evitar los conflictos de interés: identificar, gestionar, eliminar y comunicar los conflictos de interés que pudieran surgir.

Apetito de riesgo

"Si no se invierte en la gestión de riesgos, no importa en qué negocio esté, es un negocio riesgoso".

GARY COHN

De acuerdo a la guía COSO *Apetito de riesgo - crítico para el éxito* (2012), el apetito de riesgo debe ser una parte integral de la toma de decisiones[12]. Es necesario conocer de antemano y determinar la cantidad de riesgo que se está dispuesto a asumir y qué se necesita asumir para tener éxito.

Para mejorar nuestra toma de decisiones, es necesario comprender nuestro apetito por el riesgo. Como vimos, todos tomamos ries-

---

12 Rittenberg & Martens (2012). Enterprise risk management. Disponible en: https://www. coso.org/Documents/ERM-Understanding-and-Communicating-Risk-Appetite.pdf

gos de una u otra forma y debemos conocer y aceptar los riesgos que estamos dispuestos (o somos capaces) de asumir en nuestras vidas.

El desafío es conocer la cantidad correcta de riesgo necesaria de acuerdo a nuestras características, situaciones y deseos. El apetito de riesgo es, entonces, el nivel de riesgo que estamos dispuestos a asumir.

En la siguiente Figura vemos la relación entre rendimiento, riesgo y apetito de riesgo.

Figura 5 Relación entre riesgo, rendimiento y apetito de riesgo

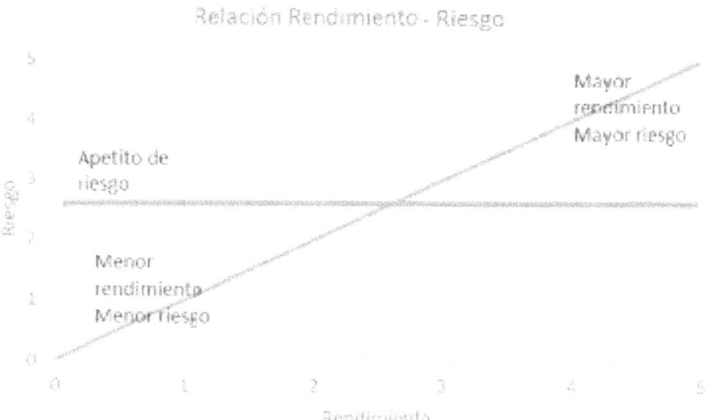

Fuente: Elaboración propia

Allí se puede observar que para obtener una mayor rentabilidad es necesario asumir un mayor riesgo. Por eso, conocer y determinar el apetito de riesgo es necesario para poder ubicarnos en la relación rendimiento - riesgo.

Límites

El apetito por el riesgo debe estar inmerso en la capacidad de riesgo que puede tomar la organización. La capacidad de riesgo es la evaluación de cantidad máxima de riesgo que la organización puede asumir, dada su base de capital, liquidez, capacidad de endeudamiento, situación regulatoria y otros factores.

También puede ser el nivel de riesgo que la organización es capaz de soportar para lograr sus objetivos estratégicos, mientras continúa haciendo negocios de forma segura y sin daños a la empresa. O dicho de otra manera, es el máximo nivel de riesgo que la institución financiera puede asumir dado su nivel actual de recursos antes de incumplir restricciones dadas por el capital regulatorio y las necesidades de liquidez, el entorno operativo (por ejemplo, infraestructura técnica, riesgo capacidades de gestión, experiencia) y obligaciones.

Figura 6. Capacidad, apetito y límites de riesgo

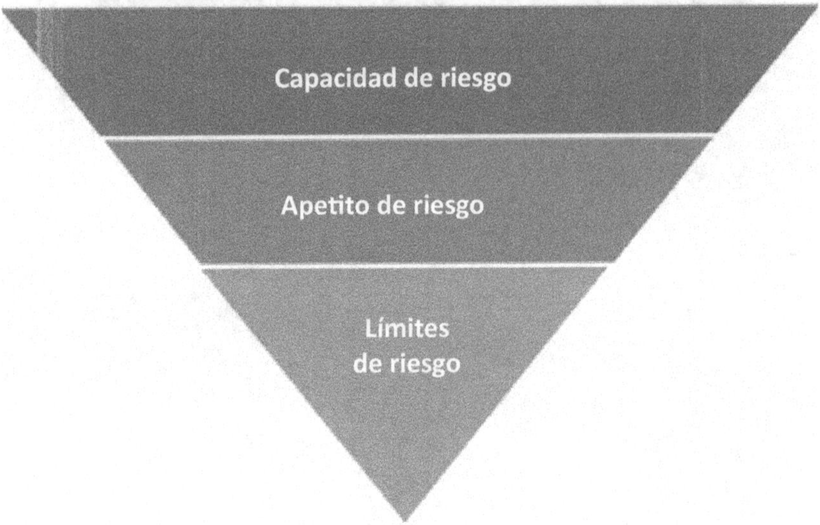

Fuente: Elaboración propia

Una vez conocidas y determinadas la capacidad de riesgo y el apetito de riesgo, es necesario incorporar los límites necesarios para conducir eficazmente la organización. Los límites de riesgo pueden definirse como cantidades de riesgo aceptable (medidas y umbrales) relacionados con riesgos específicos. Estos niveles de riesgo específico son medidas cuantitativas para líneas de negocios, entidades, riesgos a ciertos factores de riesgo, categorías, concentraciones, geografías, etc.

CAPÍTULO II.
¿POR QUÉ ES IMPORTANTE LA GESTIÓN DEL RIESGO?

"Yo no tengo sueños, tengo metas".

Harvey Specter

Como vimos en el capítulo anterior, una adecuada y eficiente gestión del riesgo permite tomar mejores decisiones con la información requerida y necesaria. En relación a esto, el tomar mejores decisiones aumenta la probabilidad de lograr los objetivos (cualesquiera que fueran), tanto a nivel personal como a nivel corporativo. El permitir lograr los objetivos, evitará pérdidas y mejorará el desempeño en todo sentido.

Tanto las personas como las organizaciones se enfrentan constantemente a incertidumbres e influencias internas y externas que requieren la toma de decisiones o planes de acción que harán más posible lograr las metas, gestionando esa incertidumbre.

Esta gestión del riesgo requiere que permanentemente estemos en el proceso de identificar y gestionar riesgos, considerando que estos pueden ir transformándose o pueden ir apareciendo nuevos, producto de nuestras acciones o producto de cambios en el entorno.

En el ámbito empresarial, ya sea una organización grande o pequeña, es fundamental la gestión adecuada del riesgo y debe llevarse a cabo en todos los niveles. Debe permear una cultura para la adecuada gestión del riesgo, que permita tomar las decisiones de una manera razonada, valorando el riesgo, mitigando los aspectos que se puedan y siendo recompensados por el riesgo que asume.

A su vez, mejora y contribuye al sistema de gestión general de las organizaciones. Por ejemplo, es común que las entidades financieras cuenten con áreas especializadas en la gestión del riesgo, esto es producto de la regulación que les requiere tener un área independiente que valore y mida el riesgo. Al ser instituciones en las que depositantes depositan (valga la redundancia) sus ahorros requieren de una diligencia mayor para proteger esos recursos. Sin embargo, cabe des-

41

tacar que el gestionar adecuadamente los riesgos ayuda a cualquier organización a mejorar su sistema de gestión (universidad, empresa agropecuaria, club deportivo, empresa de transportes, etc.); todas las organizaciones enfrentan retos, desafíos y riesgos, sin distinción. Además, podrán cumplir mejor con su misión si consiguen identificar riesgos que otros no ven y adelantarse a ellos.

En este aspecto, la cultura es fundamental. Se requiere que todas las personas dentro de la organización posean esa capacidad para identificar riesgos en las actividades que realiza cada individuo. Cada uno tendrá la visibilidad del riesgo en su día a día y en las acciones o decisiones que le correspondan tomar. En este sentido, es necesario que sepan identificar los riesgos para mejorar sus decisiones.

Las organizaciones buscan crear valor y generar beneficios para sus dueños o accionistas. Estas ganancias, asimismo, favorecerán a los empleados de la organización. En síntesis, la correcta gestión del riesgo evitará pérdidas y redundará en organizaciones más sostenibles en el tiempo.

¿Qué es un perfil de riesgos?

Cada persona es diferente y está expuesta a diversos riesgos de diferentes maneras. Lo que para un individuo es un riesgo alto, para otro puede ser un riesgo bajo o inmaterial. Una persona que anda en bicicleta por la ciudad está más expuesta al riesgo de un accidente que una que anda en bicicleta por una zona rural. O una persona que juega al futbol está más expuesta a sufrir una lesión muscular que una persona que juega al ajedrez (que quizás estará más expuesto a niveles de estrés).

Aun así, para un mismo riesgo las personas responden de distinta manera de acuerdo a su perfil de riesgos. Unos andan en bicicleta con casco, luces, en horarios que hay menos gente; otras, sin tomar estas medidas de precaución. Unos se abrochan los cinturones de seguridad, limitan su velocidad y no usan celulares mientras conducen; otros, hacen todo lo contrario; sin embargo, el riesgo es el mismo.

Adicionalmente, algunas personas pueden tener alto nivel de riesgo en algunas cuestiones, pero muy bajo en otras. Por ejemplo, una persona que tiene hobbies muy riesgosos (escalar, paracaidismo, etc.) podría no querer asumir riesgos en su casa y tener todo tipo de dispositivos de seguridad (vigilancia, cámaras, alarmas, perros guardianes, etc.).

Entonces, ¿de qué depende el perfil de riesgos de cada persona? Aquí lo detallo:

- **Capacidad**: la habilidad de absorber una pérdida o contratiempo sin afectar su vida o cumplimiento de objetivos. Los que vieron la serie The Last Dance sabrán que Michael Jordan perdía miles y miles de dólares en apuestas de golf. Para su nivel de patrimonio e ingresos, no era un problema, pero para cualquier otra persona, hubiera sido devastador. Por eso, la propensión de asumir un riesgo está en función de la capacidad de cada uno. Para esto, nos debemos preguntar si estamos en la capacidad de afrontar esa pérdida si sucede.

- **Apetito**: es la comodidad o actitud que tenemos hacia el riesgo. Depende de nuestro conocimiento del riesgo y de la incertidumbre asociada. A medida que sabemos más, más entendemos y más riesgo podemos tomar. Por eso, un policía con muchas horas de práctica podrá tolerar más una situación de rehenes que cualquier otro ser humano. Practicó más y lo vivió más veces en su vida.

Si a cualquier persona le requerimos que tome más riesgo del que puede afrontar psicológicamente, experimentará seguramente tensión y ansiedad extremas. Por ello, es necesario conocer nuestra capacidad y tolerancia para que nuestras decisiones sean acordes a las circunstancias y no nos genere este nivel de estrés.

Para conocer tu nivel de riesgo, sugiero realizar un test que propone la Universidad de Rutgers (de Nueva Jersey)[13].

Warren Buffett, reconocido inversor americano, dice: "El riesgo proviene de no saber lo que uno está haciendo". Por eso, él invierte solo si sabe y entiende los riesgos que está asumiendo, porque de esa

---

13 Investment Risk Tolerance Quiz. Disponible en: https://njaes.rutgers.edu/ money/assess- ment-tools/investment-risk-tolerance-quiz.pdf

manera puede manejarlos o gestionarlos y esos son los riesgos en los que está dispuesto a asumir (y en ellos invierte).

Niveles de riesgo

Como vimos anteriormente, los riesgos poseen una probabilidad de ocurrencia y un impacto. Es por ello por lo que el nivel de riesgo (riesgo alto, medio o bajo) dependerá de la combinación de probabilidad e impacto. Por ejemplo, un riesgo con probabilidad de ocurrencia alto con un impacto alto será un riesgo de categoría alto. Veamos ejemplos de las combinaciones de probabilidades e impacto de los riesgos:

- **Bajo impacto, baja probabilidad**: son riesgos que escasa vez se materializan y que si ocurren, tienen poco impacto en nuestras vidas. Un ejemplo, es sufrir una cortadura con el borde de una hoja de papel. Son infrecuentes y, seguramente, no requieran tratamiento.

- **Bajo impacto, alta probabilidad**: pasan, en general. Afortunadamente, su impacto es bajo y no requieren mucha acción. Un ejemplo, es una picadura de mosquito, se soluciona con usar el repelente y difícilmente nos lleve a un médico.

- **Alto impacto, baja probabilidad**: son eventos que tendrán un impacto devastador, pero que ocurren solo esporádicamente. A pesar de que no ocurren seguido, dado el impacto, se requiere de una acción o gestión del riesgo. Cuando aseguramos una propiedad, sabemos que la probabilidad de que pase algo es baja, pero consideramos que el impacto es demasiado grande para no cubrir el riesgo.

- **Alto impacto, alta probabilidad**: vivir en una casa rodante en Texas (estado con alto número de tornados) sería un ejemplo. La gestión del riesgo es primordial. Seguro que pasará y su impacto será alto.

Figura 7. Combinaciones de probabilidad e impacto

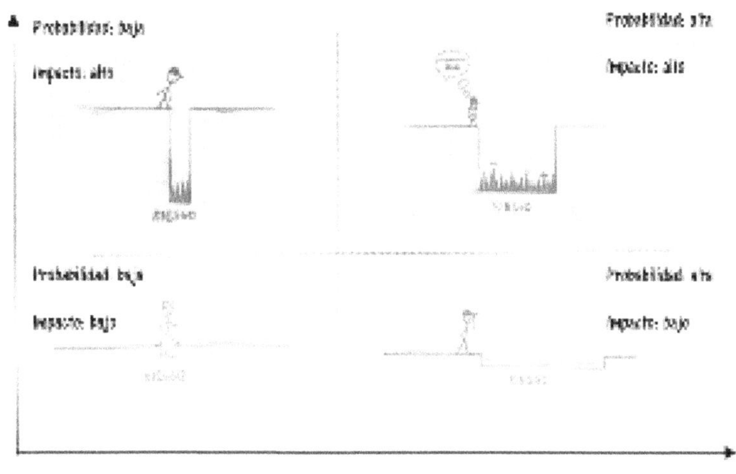

Fuente: Program & Project Management Hub, 2020.

¿Qué necesitamos para una adecuada gestión del riesgo?

A continuación se establecen ciertos requisitos necesarios para una adecuada gestión del riesgo:

- **Cultura:** refleja la conciencia general, actitudes y comportamientos hacia el riesgo.

- **Integral:** el enfoque debe ser íntegro y comprender todas las actividades. Si se deja algún aspecto de riesgo sin identificar o gestionar, podría afectar gravemente el cumplimiento de los objetivos.

- **Recurrente:** el enfoque debe realizarse constantemente e ir identificando nuevas fuentes eventuales de riesgos (internas y externas).

- **Apropiada:** se debe adaptar el enfoque al requerimiento, necesidades (personales o empresariales) propias.

- **Información:** se requiere contar con la información necesaria con la calidad adecuada y en el tiempo oportuno.

- **Factores humanos:** la gestión del riesgo dependerá de las personas y de las acciones y decisiones de ellas.

- **Recursos:** para una adecuada gestión del riesgo, se requieren recursos. El mitigar un riesgo generalmente requiere tiempo, esfuerzo y dinero.

¿Qué significa correr riesgos en la vida diaria?

> *"El riesgo en sí mismo no es malo; lo que sí es malo es que el riesgo este mal administrado, mal interpretado, mal medido o mal comprendido".*

FÉLIX CAMPOVERDE VÉLEZ

Teniendo en cuenta que el riesgo es la incertidumbre ante ciertas circunstancias que podrían tener un impacto negativo en nuestras vidas (peligro, pérdidas, lesión, accidente, etc.) vemos que enfrentamos riesgos en el día a día: cada vez que realizamos una actividad física, en el manejo de nuestros bienes o posesiones y en diversos ámbitos como la salud, la profesión, las finanzas personales o, incluso, en las relaciones[14]. A continuación paso a detallar cada uno de estos ítems:

1. **Salud:** siendo que la gran mayoría de las personas tenemos como objetivo vivir una vida saludable y evitar las consecuencias de una mala salud, vemos la importancia de cuidarla. De todas maneras, a pesar de los esfuerzo, enfrentamos riesgos como resfríos, infecciones, obesidad o cáncer. Cualquier enfermedad afectará nuestro bienestar físico y mental. Una gestión del riesgo implica tomar las acciones concretas para tener buenas prácticas alimentarias, tomar suficiente agua, hacer ejercicio y no caer en excesos. Asimismo, identificar cualquier síntoma que pudiéramos tener para atenderlo rápidamente (preventivamente). Si no gestionamos adecuadamente el riesgo, seguramente tendremos un impacto o consecuencia en nuestra salud.

2. **Profesión:** nuestra vida se refiere al cumplimiento de nuestros sueños y metas. Graduarnos, obtener un empleo, emprender algo propio, adquirir una casa o no ser despedido de nuestro trabajo. Para estos sueños y metas, debemos ir estableciendo

---

14 https://blog.v-comply.com/importance-of-risk-management-in-daily-lives/

las acciones que se vayan necesitando: estudiar, consultar con personas que tengan experiencia, trabajar esforzadamente, mejorar lazos interpersonales, asociarse con personas que nos aportan, etc.

3. **Finanzas personales**: probablemente, este sea el ámbito en donde más riesgo vemos y lo sentimos palpable; es el riesgo financiero de las inversiones, donde algunos toman más riesgos que otros. Realizamos inversiones en plazos fijos, acciones, bonos, fondos comunes de inversión, bienes inmuebles o invertimos en crear una empresa. Estas decisiones tienen su riesgo: crédito, tasa de interés, precios, etc. Una mala decisión o un cambio adverso en las condiciones de mercado, puede hacernos perder nuestra inversión y capital, afectando nuestro futuro. Por ello, nuestra gestión de riesgos debe incluir planear y establecer objetivos de inversión, gestionar las inversiones de manera adecuada mitigando los riesgos, buscando la diversificación de las inversiones, previendo las necesidades de fondos del futuro y dando adecuado seguimiento.

4. **Relaciones interpersonales**: nuestras relaciones interpersonales son imprescindibles en nuestras vidas. El riesgo conlleva perderlas y las consecuencias que traería esto aparejadas. Por ello, debemos gestionar el riesgo adecuadamente, dedicándole tiempo a nuestros seres queridos, creando vínculos sanos y duraderos, visitándolos cuando sea posible, preocupándonos por sus situaciones, mostrándoles cariño y afecto, y tratándolos de la mejor manera.

5. **Activos o bienes**: se entiende por activos a nuestra casa, un campo, una casa en la playa, un auto, una moto, una bicicleta, animales, los palos de golf, raquetas, libros, computadoras, heladeras, incluso, un diario personal, entre otras muchas cosas. Nuestro riesgo es la pérdida o deterioro de estos activos. Por eso, la gestión del riesgo es protegerlos y lo hacemos con diferentes acciones: adquisición de seguros, alarmas, perros de seguridad, cámaras, entre otros. Incluso el perder una contraseña es un riesgo (ya que no se puede acceder al bien o la información que protegen) y tendemos a mitigar el riesgo anotando la contraseña en algún lugar.

Por ello, debemos gestionar adecuadamente nuestros riesgos priorizando las acciones. Seguramente, nuestras acciones se orienten a los riesgos que pudieran tener un mayor impacto o consecuencia negativa.

No existe un enfoque de gestión de riesgos genérico o estandarizado o único y que funcione bien para todos. Los riesgos no pueden entenderse adecuadamente en forma aislada de los objetivos. A menos que podamos definir y establecer nuestros objetivos claramente, existe el peligro de que el ejercicio de gestión de riesgos no cumpla su meta.

Además, no se puede gestionar el riesgo sin información. Cada decisión que tomamos conlleva riesgos. La calidad de nuestra gestión de riesgos está determinada por nuestra capacidad de anticipar eventos futuros. Por lo tanto, la gestión de riesgos es una herramienta vital para apoyar la toma de decisiones de alta calidad. A su vez, la capacidad de anticipar lo que podría suceder depende de la calidad de la información disponible en ese momento. Siempre es bueno protegerse y prevenir; dicen que prevenir es mejor que curar. Sino recordemos la vieja ley de Murphy para mitigar el riesgo: "Si algo puede salir mal, saldrá mal".

Es por ello, que en las ocasiones en las que se necesita contratar una empresa o compañía para adquirir algún servicio particular, ya sea para adquisición de un seguro (hogar, automóvil, retiro), cobertura médica (obra social, medicina privada) o un arquitecto o empresa para la realización de alguna tarea, en todas estas contrataciones, en las cuales va a durar un tiempo la relación y en la que estamos esperando algo en el futuro (flujo de dinero, bienes, obras, coberturas), debemos asegurarnos que la contraparte no va a tener problemas de subsistencia. Estos problemas podrían provenir de diferentes situaciones: riesgos operativos, riesgos de mercado, falta de liquidez o recursos, solvencia, entre otros.

Algunas veces nuestras decisiones están basadas en lo que hizo un conocido o un familiar, es decir, se contrata a alguien sobre la base de una recomendación, pero esto no quiere decir que sea una buena decisión. Nuestro mejor remedio es realizar un análisis de la contraparte para asegurarnos que esta pueda honrar y cumplir con su compromiso.

En otros casos nos basamos en las opiniones de las agencias calificadoras de riesgo, por ejemplo, pero este es un caso particular y para tener cierto cuidado ya que los ingresos provienen de las empresas a las que califican. Esto quiere decir que tienen un conflicto de interés, como dicen: "Músico pago toca buen son". Las empresas o instituciones que son calificadas muchas veces presionan a las calificadoras para que mejoren su calificación teniendo en cuenta que les pagan la cuenta.

En síntesis, es mejor tomar una decisión bien informada basándose en un análisis que podría incluir una revisión de sus números y proyecciones de la contraparte, además de realizar una investigación sobre esta, para poder tomar la mejor decisión posible.

Distintos perfiles de riesgos

Como ya se mencionó en el apartado "¿Qué es un Perfil de Riesgos?" cada persona posee un perfil de riesgos que va a ser determinante para la toma de decisiones. Hay personas que son adversas al riesgo y personas que siempre están dispuestas a tomar riesgos.

Vamos a distinguir tres perfiles de acuerdo al nivel de riesgo:

a) **Conservadores:** las personas conservadoras se caracterizan por tener un menor apetito al riesgo, ser menos tolerantes al riesgo y valorar la seguridad. Procuran decisiones que tengan poca variabilidad y así evitar impactos negativos.

b) **Moderados:** están en medio de los conservadores y los agresivos, y su apetito de riesgo es medio.

c) **Agresivos:** las personas agresivas están dispuestas a asumir el riesgo que sea necesario, tienen un mayor apetito al riesgo. No les preocupa tanto el impacto negativo, siempre que haya un impacto positivo que lo contrapese.

Adicionalmente, es importante conocer el apetito de riesgo para poder tomar las mejores decisiones y así convivir posteriormente con el riesgo o incertidumbre que acarrearán.

Perfil de riesgo de un inversor

En la industria financiera se requiere que cada inversor sepa su perfil de riesgos antes de realizar una inversión. Para este fin, las instituciones financieras confeccionan un test que permite determinar el perfil de riesgo de cada uno.

Este perfil del inversor se determina de acuerdo a las características de la persona y que servirá de base para tomar las decisiones de inversión. De alguna forma, este perfil le habilitará o no el uso de ciertos instrumentos. El conocer su perfil de riesgo permitirá, también, una mejor gestión de las diferentes alternativas de inversión y confeccionar un portafolio que sea acorde a la situación y características de cada uno.

Lo primero que se debe conocer es el objetivo de la inversión. Para saber cuáles son los riesgos dijimos que se necesita un objetivo para luego identificarlos y que podrían impedir conseguir esos objetivos. Asimismo, se deben conocer las necesidades de fondos que pudiera haber. Estos son algunos de los factores que influyen en el perfil del inversionista:

- La edad y la expectativa de vida.

- El horizonte de inversión.

- Los ingresos que se perciben hoy (y expectativa a futuro).

- Las erogaciones que se tienen hoy (y expectativas a futuro), incluyendo gastos excepcionales.

- Patrimonio.

- Apetito de riesgo y tolerancia al riesgo.

- Conocimientos del mercado financiero.

- Rentabilidad deseada.

Además, presentamos los tres niveles anteriormente mencionados, pero enfocados en el inversor[15]:

---

15 https://www.svs.cl/educa/600/w3-article-1252.html#i__w3_arTemas_ ArticuloCuer- po_1_1252_Conservador

a) Conservador

Este inversionista se caracteriza por ser menos tolerante al riesgo y valorar la seguridad. Por lo tanto, escoge instrumentos de inversión que le den certeza del resultado de su inversión y minimiza las probabilidades de pérdida. No le importa que las ganancias (o rendimiento) obtenidas sean bajas. Prefiere invertir en instrumentos de corto plazo, depósitos a plazo o cuentas de ahorros, porque puede saber la rentabilidad que tendrán al adquirirlos.

Dentro de este perfil puede haber todo tipo de personas, desde jóvenes (con sus primeros ingresos y que, por lo tanto, no quieren arriesgar sus ahorros) hasta aquellos con familias por mantener o deudas por cubrir, o personas retiradas o por jubilar (que no quieren mayores preocupaciones).

b) Moderado

Este inversionista es cauteloso con sus decisiones, pero está dispuesto a tolerar un riesgo moderado para aumentar sus ganancias. Procura mantener un balance entre rentabilidad y seguridad.

Suele buscar la creación de un portafolio o cartera de inversión que combine inversiones en instrumentos de deuda (títulos) y acciones.

Inversionistas de este tipo tienen distintas edades. Generalmente se trata de personas con ingresos estables, que pueden ser entre moderados y altos, o padres de familia con capacidad de ahorro.

c) Agresivo

Busca los mayores rendimientos posibles, por lo que está dispuesto a asumir el riesgo que sea necesario. Se trata, por ejemplo, de inversionistas jóvenes, pero que cuentan también con solidez económica y con ingresos de moderados a altos, y personas solteras o aún sin hijos, entre los 30 y los 40 años de edad.

Esta clase de inversionistas corre riesgos en los mercados y opta por los instrumentos que prometen las ganancias más elevadas, sin importar si en un momento dado se arriesga a perder la mayor parte de la inversión.

Este tipo de personas prefieren portafolios de inversión en los que combinan fondos de inversión, largo plazo, uso de derivados e incluso uso de leverage (endeudamiento).

La mejor manera de cumplir los objetivos en la organización

"La gestión de riesgos es una cultura, no un culto.
Solo funciona si todos lo viven, no si lo practican solo
algunos sumos sacerdotes".

Tom Wilson

En un mundo cada vez más incierto y volátil, la gestión de riesgos ha ganado importancia en las organizaciones y es una pieza clave a la hora de definir, adaptar e implantar la estrategia empresarial. Anteriormente, era vista como un costo al negocio, que demandaba recursos, tiempo y esfuerzo. Hoy en día, hubo un cambio de perspectiva y es visto como una necesidad y una herramienta fundamental para aumentar la probabilidad de conseguir metas y objetivos.

Las recurrentes crisis económicas y financieras ponen de manifiesto la trascendencia del control de los riesgos empresariales y del buen gobierno corporativo en la gestión de las organizaciones. Los riesgos (externos e internos) son cada vez más complejos, aparecen nuevos riesgos y se entrelazan entresí.

Los cambios en el mercado y en el entorno geopolítico, la globalización, las exigencias regulatorias, la seguridad de la cadena de suministros, la intensa competencia y los riesgos derivados de la tecnología son algunas de las incertidumbres que rodean la gestión de las organizaciones, y su creciente dificultad exige una respuesta estratégica adecuada.

Las juntas directivas o consejos de administración son responsables de garantizar que esa respuesta se traslade de forma eficiente a todas las fases de la gestión empresarial, desde la planificación estratégica y de negocio hasta la ejecución operacional y el control de los procesos.

Cada elección que hacemos para la consecución de nuestros objetivos tiene sus riesgos. Tanto en las decisiones clave adoptadas en los consejos de administración como en las decisiones operativas del día a día, la gestión del riesgo debe formar parte en la toma de decisiones. Es por ello, que la gestión del riesgo empresarial contribuye a optimizar los resultados.

Hoy en día, las distintas partes interesadas están más comprometidas y buscan una mayor transparencia y rendición de cuentas a la hora de gestionar el impacto del riesgo, al tiempo que evalúan de manera crítica la capacidad de los equipos de dirección para aprovechar las oportunidades. Incluso el éxito puede conllevar un riesgo, por ejemplo, el riesgo de no poder satisfacer una demanda inesperadamente alta o mantener el impulso comercial esperado.

El Consejo del Committee of Sponsoring Organizations of the Treadway Commission (COSO) publicó el informe *Enterprise Risk Management-Integrating with Strategy and Performance* (ERM, 2017), una actualización de una primera versión del 2004. Esta publicación ofrece una perspectiva sobre los conceptos y aplicaciones actuales de la gestión del riesgo empresarial, que se encuentra en continua evolución.

Este informe constituye una herramienta fundamental de trabajo para consejos de administración y equipos de dirección de organizaciones de cualquier tamaño. Resalta la importancia de la gestión de riesgos en el curso ordinario de las actividades de negocio. Asimismo, demuestra cómo la integración de las prácticas de gestión del riesgo empresarial, en toda la entidad, contribuye a acelerar el crecimiento y a mejorar el desempeño. Además, contiene principios que pueden aplicarse en la práctica, desde la toma de decisiones estratégicas hasta la consecución de resultados.

A través de la aplicación de los componentes y principios del Marco ERM, la dirección comprenderá mejor cómo, al considerar de manera expresa el riesgo, se puede influir en la elección de la estrategia. La gestión del riesgo empresarial enriquece el diálogo del equipo de dirección al añadir una mayor perspectiva sobre las fortalezas y debilidades de la estrategia, a medida que cambian las condiciones y sobre cómo encaja con esta estrategia, la misión y visión de la organización. También, ayuda a generar confianza y seguridad en las distintas partes interesadas con respecto al negocio.

A largo plazo, puede mejorar la resiliencia de las empresas (capacidad de anticipar y responder ante el cambio), mejora la selección de estrategias, ya que elegirla requiere una toma de decisiones estructurada que analice el riesgo y alinee los recursos con la misión y visión de la organización.

En conclusión, lo que quiero decir es que el Marco de Gestión de Riesgos Empresariales integra la gestión de riesgos con la estrategia y el desempeño. Así es como destaca la importancia de la gestión de riesgos empresariales en la planeación estratégica y la incorpora a toda la organización, ya que el riesgo influye y están alineados a la estrategia y el desempeño en todas las áreas, departamentos y funciones.

La administración o gerencia establece el tono de la organización, refuerza la importancia de la gestión de riesgos, estableciendo las responsabilidades para dicha gestión. En este caso, es fundamental la cultura de riesgos que se entiende por los valores éticos, comportamientos deseados y comprensión del riesgo en la organización.

La gestión de riesgos, estrategia y objetivos trabajan juntos en el proceso de planeación estratégica. El apetito al riesgo es definido y alineado con la estrategia; los objetivos de negocio ponen la estrategia en práctica mientras sirve para identificar, evaluar y responder a los riesgos. De todas maneras, los diferentes riesgos pueden afectar el logro de la estrategia y los objetivos de negocio, asimismo, deben ser identificados y evaluados. Deben ser priorizados por severidad y en el contexto del apetito al riesgo. La organización selecciona las respuestas al riesgo y toma el riesgo que ha asumido.

Sintetizando, la gestión de riesgos empresariales requiere de un proceso continuo para obtener y compartir información necesaria, de fuentes internas y externas, que fluya en todas las direcciones y a través de toda la organización. Para poder lograrlo el Marco ERM se basa en cinco componentes:

1. **Gobierno y cultura:** la gerencia fija el tono de la organización, reforzando la importancia y estableciendo responsabilidades

de supervisión del ERM. La cultura se refiere a los valores éticos, conductas deseadas y el entendimiento del riesgo en la organización.

2. **Estrategia y establecimiento de objetivos:** el apetito al riesgo se establece y se alinea con la estrategia; mientras que los objetivos de negocio ponen en práctica la estrategia y sirven como base para identificar, evaluar y responder al riesgo.

3. **Desempeño:** los riesgos que pueden impactar los objetivos de negocio deben ser identificados y evaluados. Asimismo, serán priorizados por su gravedad y en el contexto del apetito al riesgo. Posteriormente, la organización registra la cantidad de riesgos que ha asumido y decide cómo responderá ante estos.

4. **Revisar y ajustar:** al revisar el desempeño, una organización puede considerar qué tan bien están funcionando los componentes del ERM con el tiempo y, ante cambios sustanciales, qué ajustes o actualizaciones son necesarios.

5. **Información, comunicación y reporte:** el Marco se alimenta de un proceso en el que obtiene y comparte información requerida, tanto de fuentes internas como externas, que fluya hacia arriba, hacia abajo y a lo largo de la organización.

Entre los beneficios que pueden obtener las organizaciones al implementar el Marco ERM están:

- Ampliar el rango de oportunidades.
- Identificar y manejar el riesgo a lo largo de la organización.
- Incrementar los resultados positivos y las ventajas, además de reducir los imprevistos negativos.
- Reducir la variabilidad en el desempeño.
- Mejorar el despliegue de recursos y acentuar la resiliencia empresarial.

Además de los cinco componentes ya descriptos, el Marco COSO ERM 2017 está estructurado de 20 principios que detallo a continuación, separado por los componentes:

A) *Gobierno y cultura*

1. La Junta Directiva ejerce supervisión sobre los riesgos.

2. Establece estructuras operativas.

3. Define la cultura deseada.

4. Demuestra compromiso con los valores éticos.

5. Atrae, desarrolla y retiene individuos competentes.

B) *Estrategia y establecimiento de objetivos*

6. Analiza el contexto empresarial.

7. Define el apetito al riesgo.

8. Evalúa estrategias alternativas.

9. Formula los objetivos empresariales.

C) *Desempeño*

10. Identifica riesgos.

11. Evalúa la severidad de los riesgos.

12. Prioriza los riesgos.

13. Implementa las respuestas al riesgo.

14. Desarrolla un portafolio de riesgos.

D) *Revisar y ajustar*

15. Evalúa los cambios sustanciales.

16. Revisa los riesgos y el desempeño.

17. Propone mejoras en la gestión de riesgos empresariales.

E) *Información, comunicación y reporte*

18. Aprovecha la información y la tecnología.

19. Comunica los riesgos de información.

20. Informa sobre riesgos, cultura y desempeño.

El marco de la gestión de riesgos en las empresas

Este marco se compone de diversas piezas que deben funcionar simultáneamente para la efectividad del modelo. A continuación, se presentan esos elementos:

Figura 8. Elementos de un marco de gestión de riesgos empresarial

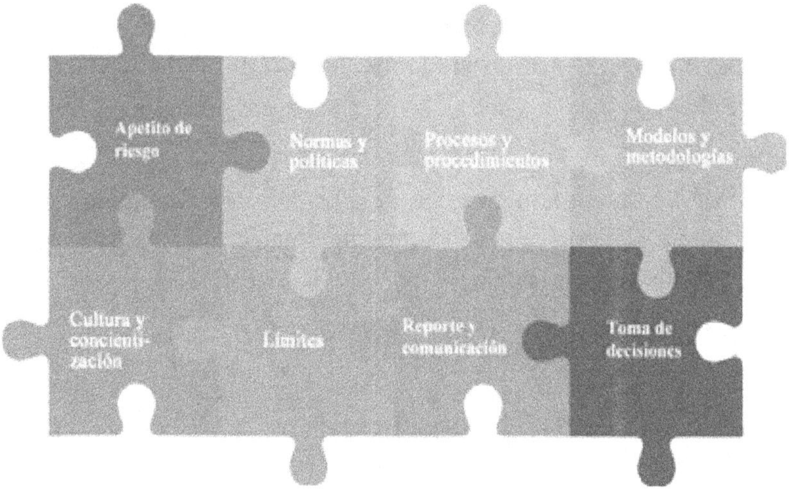

Fuente: Elaboración propia.

Los beneficios de la gestión del riesgo en empresas

Ahora sí creo oportuno, luego de haber explicado de qué se trata el ERM y su funcionamiento, presentar los beneficios de realizar un proceso adecuado de gestión del riesgo. La implementación de un sistema integral de gestión de riesgos empresariales como herramienta para identificar, administrar y mitigar los riesgos en las organizaciones, permite administrarlos de manera integral y conlleva varios beneficios a las organizaciones, entre ellas:

- Aumenta la probabilidad de lograr y cumple los objetivos (misión y visión).

- Mejora la capacidad de la organización para identificar riesgos y amenazas.

- Permite obtener una ventaja comparativa si se gestiona un riesgo y el resto no lo hace (se llama: oportunidad).

- Posibilita una mejor planeación y brinda previsibilidad.

- Mejora la toma de decisiones.

- Permite asignar recursos de una manera más eficiente.

- Mejora la eficiencia y eficacia.

- Brinda capacidades para la mejora continua y la detección de nuevos riesgos inesperados.

- Minimiza las pérdidas.

- Mejora la confianza de los grupos de interés o partes interesadas (persona o entidad que puede afectar, verse afectada o percibirse como afectada por una decisión o actividad).

- Mejora la resiliencia y resistencia general.

El apetito de riesgo en las organizaciones

> *"Una lección importante en la gestión de riesgos es que un "mar en retro- ceso" no es una oferta afortunada de un trozo adicional de playa gratuita, sino la señal de advertencia de un próximo tsunami".*
>
> JOS BERKEMEIJER

El apetito de riesgo debe ser parte integral de la toma de decisiones de cualquier organización (ya sea financiera como no). Se debe conocer el nivel de riesgo que la organización está dispuesta (y debe) aceptar para cumplir su misión y para obtener éxito.

En una organización debe haber una clara relación entre la misión, visión, estrategias, apetito de riesgo y objetivos. Por eso, es necesario integrar el apetito de riesgo con la estrategia y el cumplimiento de los objetivos empresariales. Todos los empleados deben tener en claro cuáles son los riesgos que están dispuestos a asumir y en qué cantidades, en pos de la creación de valor.

Es indispensable que en la determinación de la estrategia y los objetivos organizacionales se contemple este nivel de riesgo aceptable.

Toda organización debe asumir riesgos para generar valor, innovar y crecer, y el riesgo es inherente a todo negocio.

El desafío de las organizaciones es conocer esa correcta cantidad de riesgo necesaria para mantener el crecimiento en toda la organización y que tenga el mismo concepto al momento de tomar decisiones.

Mientras haya un ciclo económico favorable, una empresa exitosa y en crecimiento, puede estar más dispuesta a aceptar ciertos riesgos que cuando la economía no está creciendo o la empresa no está obteniendo los mejores resultados. Aun así, puede ser que una empresa que no esté teniendo los mejores resultados decida tomar mayor riesgo (como una apuesta).

El apetito de riesgo se debe ver como la declaración sobre cómo hará la organización para tomar decisiones en su gestión (y su gestión de riesgos). Cada innovación, nuevo producto, nuevo servicio en procura del éxito de la organización creará nuevos riesgos, que deberían estar dentro de este apetito de riesgo.

En esto de tener un claro apetito de riesgo deben estar todas las partes interesadas en consonancia (directores, accionistas, gerentes, empleados). Esta comprensión permitirá agregar valor dentro del riesgo deseado.

Tomar riesgos requiere saber qué cantidad es aceptable en la búsqueda de estrategias y objetivos de negocio, equilibrando la relación de rentabilidad y riesgo.

Veamos dos ejemplos de una declaración sobre el apetito de riesgo de una organización:

- Procuraremos la innovación para mejorar el servicio al cliente y eficiencia en las operaciones a menos que tal innovación potencialmente eleve el riesgo relacionado con las capacidades internas o cree riesgo de interrupción significativa para el negocio. Cualquier innovación que cree un riesgo significativo sobre el negocio solo se considerará cuando los riesgos de cumplimiento normativo son inaceptablemente altos.

- El banco no está dispuesto a aceptar riesgos en la mayoría de las circunstancias que puedan resultar en una interrupción en el servicio, afectar o comprometer la rentabilidad a largo plazo del banco, tener un impacto masivo en la reputación del banco con las partes interesadas o un aumento excesivo de costos, pérdida importante en el sistema de información o integridad de la información, o incidentes significativos en el cumplimiento de la normativa.

Por otro lado, la tolerancia se refiere a los límites de variación aceptable en el desempeño con relación a los objetivos.

Veamos la siguiente figura en la que se puede observar el apetito de riesgo y la tolerancia respecto de los objetivos planteados.

Figura 9. Apetito y tolerancia al riesgo

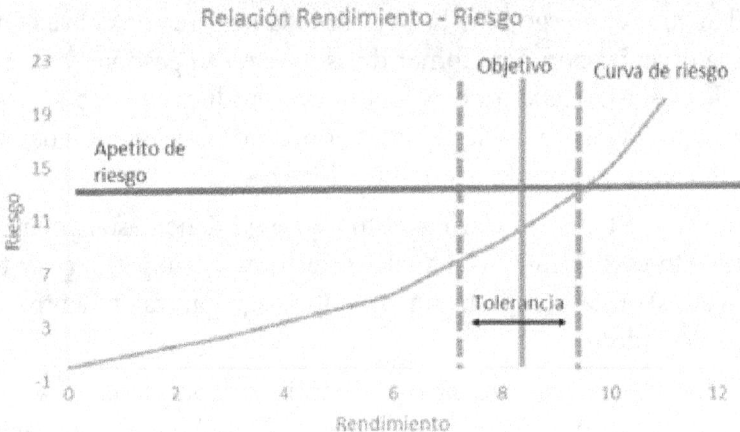

Fuente: COSO – Risk appetite critical to success

Como ya se afirmó, una organización debe esperar que la estrategia que seleccione pueda llevarse a cabo dentro del apetito de la organización; es decir, la estrategia debe alinearse con el apetito. Para poder visualizar esto, veamos los siguientes ejemplos de alineación estratégica con el apetito de riesgo:

- Empresa automotriz: mantener el número de vehículos nuevos que requieran reparaciones en garantía dentro de un rango de 1% a 2% (riesgo: costos de garantía).

- Banco: mantener la exposición con una concentración geográfica en cualquier región a menos del 20% de la cartera (riesgo: pérdidas crediticias).

- Empresa de gestión hotelera: mantener el nivel de rotación de personal en menos del 60% sobre una base anualizada (riesgo: pérdida de personal).

Una vez que la organización determina una estrategia y apetito de riesgo, se debe establecer un mecanismo de comunicación a toda la organización. Cuanto más específicas sean las declaraciones más conciencia general creará en los empleados.

Veamos una declaración de la tolerancia al riesgo:

- Una empresa fabrica botellas de vidrio. Ciertos factores de producción pueden influir en el tamaño final de la botella: la pureza de la materia prima, temperatura y estado de la maquinaria. La compañía fabrica botellas de un tamaño específico y cumplirá con sus obligaciones contractuales si las botellas están dentro del 2,5% del tamaño establecido (tolerancia). La compañía está considerando reducir esta tolerancia a +/- 1,5% para atraer a un nuevo cliente.

- El banco estimó que la utilidad neta del año será 100 millones de dólares; sin embargo, está dispuesto a tolerar un +/- 10% de cambio en sus utilidades (90-110).

En resumen:

1) Apetito:

- Se aplica en el desarrollo de la estrategia y el establecimiento de objetivos.

- Se enfoca en las metas generales del negocio.

- Contribuye en la toma de decisiones.

- Ayuda en la evaluación del desempeño general de la entidad.

2) Tolerancia:

- Se aplica en la ejecución de la estrategia.

- Se enfoca en los objetivos y la variación del plan.

- Vincula la estrategia con las medidas.

- Ayuda en la toma de decisiones y en la evaluación del desempeño en relación con los objetivos.
- Vincula los objetivos con las medidas.

Las organizaciones deben integrar el apetito y la tolerancia al riesgo en las prácticas de revisión utilizadas para evaluar el desempeño. Asimismo, una revisión del apetito de riesgo es requerido cuando el contexto de la organización cambia.

CAPÍTULO III.
PROCESO DE GESTIÓN DE RIESGOS

"No correr riesgos que uno no entiende es a menudo la mejor forma de gestión de riesgos".

RAUGHURAM G. RAJAN

El proceso de la gestión del riesgo implica la aplicación sistemática de normas, políticas, procedimientos, metodologías, prácticas y actividades a la gestión. Este proceso se ilustra en la Figura 10 (que se verá a continuación).

El proceso de la gestión del riesgo debe ser parte integral de la gestión y de la toma de decisiones, y se debería integrar en la organización. Se puede aplicar a nivel estratégico, operacional o de proyecto. Para graficar este proceso de gestión del riesgo, se utilizará como ejemplo una organización (aunque bien puede utilizarse para la gestión de un país o para la correcta gestión de una empresa personal).

¿Qué es un proceso de gestión de riesgos?

Un proceso es una secuencia de pasos o actividades dispuestas, con las que se procura lograr un resultado específico. Los procesos se diseñan para lograr un objetivo, mejorar la productividad o establecer un orden.

En la Figura 10 se presenta el proceso de gestión del riesgo, de acuerdo a la norma ISO 31 000.

Esta norma es el marco de referencia que contiene lineamientos generales considerados relevantes para la gestión de riesgos. Es elaborada por la International Organization for Standarization (ISO) con la intención de propiciar estándares internacionales que coadyuven a las organizaciones, de cualquier índole, a llevar a cabo una eficaz gestión de riesgos para cumplir sus objetivos estratégicos.

Esta norma es aplicable a cualquier tipo de organización (grande, mediana, pequeña) y de cualquier rubro. Asimismo, puede ser aplicada a un proceso, un área o a un determinado riesgo específico.

Figura 10. Proceso de gestión del riesgo (norma ISO 31 000)

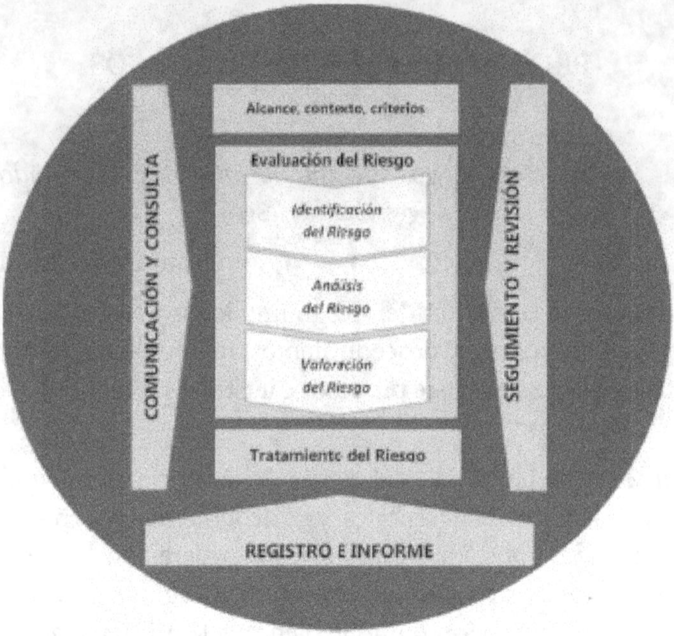

Fuente: Norma ISO 31 000

Lo que cabe destacar es que para la correcta gestión del riesgo se deben seguir estos pasos establecidos regularmente y de forma reiterativa.

A continuación se detallan y explican las diferentes etapas.

Etapa 1: Alcance, contexto y criterios

Lo primero que debe realizarse es definir el alcance de las actividades de gestión del riesgo. En este sentido, se debe determinar a qué nivel se va a aplicar (estratégico, operacional o de proyecto) de acuerdo a los objetivos que se persigan.

Se deben considerar los objetivos que se buscan con: el ejercicio, el tiempo disponible, establecer qué se incluye en el ejercicio y qué no, los recursos necesarios (dinero y humanos) y cómo se documentará el ejercicio.

Seguidamente, se debe determinar el contexto en el cual se encuentra inmersa la organización (interno y externo). El contexto externo puede incluir: el entorno social y cultural, político, legal, reglamentario, financiero, tecnológico, económico, natural y competitivo, a nivel internacional, nacional, regional o local. Por otro lado, el contexto interno es el entorno en el cual la organización busca conseguir sus objetivos y puede ser una fuente de riesgo.

Por último, se deben definir los criterios del riesgo (formas de medición) y precisar la cantidad y el tipo de riesgo que puede o no asumir de acuerdo a los objetivos que se han establecido. Se deben definir cuáles son los criterios para valorar el riesgo y que, en consecuencia, van a servir para la toma de decisiones.

Etapa 2: Identificación del riesgo

Una vez que hemos determinado el alcance y contexto del ejercicio que vamos a realizar (estratégico, operacional o de proyecto), debemos identificar los riesgos.

Para esto, primero, hay que conocer y asegurar los objetivos de la organización (misión, visión y estrategia) o del proceso o procedimiento que vamos a gestionar.

El propósito de esta etapa es encontrar, identificar, reconocer y describir los riesgos que pueden impedir a una organización lograr sus objetivos. Asimismo, se deben identificar los riesgos que pueden ayudar a una organización a cumplir sus objetivos (oportunidades).

Se pueden utilizar diversas técnicas para identificar riesgos que pudieran afectar el cumplimiento de los objetivos establecidos: encuestas, análisis, uso de listas de riesgos ya identificados, criterio experto, entre otras.

Es necesario considerar factores como fuentes de riesgo, causas, amenazas, vulnerabilidades, cambios en el contexto interno y externo, valor de los activos, impactos o consecuencias, limitaciones relacionadas con el tiempo o la información.

En esta etapa, se buscan identificar los riesgos que deben ser gestionados: ¿qué riesgos podrían impedir el logro de los objetivos, afectar la organización o generar pérdidas (tiempo, imagen, recursos, etc.)?

Entonces, se redactan o estructuran los riesgos conforme a sus causas, riesgos y consecuencias. Consiste en identificar las fuentes de riesgo, las áreas de impactos, los eventos, sus causas y consecuencias potenciales. Generalmente, los impactos y consecuencias se agrupan en dos grandes categorías: a) impactos económicos y financieros e b) impactos reputacionales.

Entre los diversos métodos para realizar esta tarea, se destacan:

- Lluvia de ideas.
- Entrevistas.
- Uso de cuestionarios.
- Escenarios (que pasa si…).
- Uso de datos históricos.
- Uso de datos de organizaciones comparables.

Etapa 3: Análisis del riesgo

El propósito del análisis del riesgo es comprender la naturaleza del riesgo y sus características; proporciona elementos que luego servirán para la evaluación del riesgo y para la tomar decisiones acerca de si es necesario tratarlos. Además, implica la consideración de la posibilidad de que las causas de un riesgo pudieran ocurrir y las consecuencias o impactos, si se dieran o materializaran esos eventos.

Asimismo, se deben considerar los factores que pudieran mitigar (reducir) el riesgo. Este análisis puede ser cualitativo, semi-cuantitativo o cuantitativo, o una combinación, dependiendo de las circunstancias, capacidades, tiempos y recursos disponibles.

A continuación, vemos un ejemplo para poder realizar un análisis de riesgo. Se presenta un esquema de 5 * 5 (cinco escalas de probabilidad y cinco escalas de impacto). Se pueden utilizar otras variantes de tres o cuatro, o combinaciones de ellas.

1) *Probabilidad*

Para estimar la probabilidad, se establece una escala de probabilidad de ocurrencia dependiendo de la frecuencia del evento, que se utilizará para la valoración de cada uno de los riesgos identificados.

Para estimar la probabilidad se puede utilizar:

- Juicio experto
- Estadística o historia
- Autoevaluación
- Consenso

Además, se puede hacer de forma cualitativa o cuantitativa, utilizando 3, 4 o 5 escalas. A continuación, un ejemplo de cinco escalas cualitativas, de acuerdo a la frecuencia con que se podría dar el evento.

Tabla 1. Escalas para valoración de Probabilidad cualitativa

PROBABILIDAD	
NIVEL DE PROBABILIDAD	Descripción de la probabilidad
MUY ALTO (5)	Podría pasar trimestralmente o más seguido.
ALTO (4)	Podría pasar semestralmente.
MEDIO (3)	Podría pasar 1 vez al año.
BAJO (2)	Podría pasar cada dos años.
MUY BAJO (1)	Podría pasar cada 3 años o más.

Fuente: Elaboración propia.

Otra forma de estimar la probabilidad es de forma cuantitativa utilizando porcentajes de ocurrencia. Veamos la tabla de ejemplo:

Tabla 2. Escalas para valoración de Probabilidad cuantitativa

PROBABILIDAD	
Nivel de probabilidad	**Descripción de la probabilidad**
Muy alto (5)	+ 80% podría pasar más de 80% de las veces.
Alto (4)	61-80 %: podría pasar entre 61y 80% de las veces.
Medio (3)	41-60 %: podría pasar entre 41 y 60% de las veces.
Bajo (2)	20-40 %: podría pasar entre 20 y 40% de las veces.
Muy bajo (1)	< 20 %: podría pasar menos de 20% de las veces.

Fuente: Elaboración propia.

1) Impacto

A) Impacto Económico:

Para estimar el impacto económico, se establece una escala de acuerdo a criterios establecidos. Las escalas deben ser proporcionales al tamaño de la organización, la materialidad (relevancia) y el apetito de riesgo.

Tabla 3. Escala para valoración de Impacto Económico

IMPACTO ECONÓMICO	
Nivel de impacto	**Descripción del impacto**
Muy alto (5)	Impacto económico > us$ 1 millón
Alto (4)	Us$ 0.75 millones > impacto económico <= us$ 1 millón
Medio (3)	Us$ 0.5 millón > impacto económico <= us$ 0,75 millones
Bajo (2)	Us$ 250 mil > impacto económico <= us$ 0,5 millón
Muy bajo (1)	Impacto económico <= us$ 250 mil

Fuente: Elaboración propia.

B) Impacto Reputacional

Se debe crear una escala para analizar el impacto reputacional.

Tabla 4. Escala para valoración de Impacto Reputacional

IMPACTO REPUTACIONAL	
NIVEL DE IMPACTO	**Descripción del impacto**
MUY ALTO (5)	De conocimiento a nivel internacional.
ALTO (4)	De conocimiento a nivel regional.
MEDIO (3)	De conocimiento a nivel local, cuestionamiento de parte de los socios, afecta la posibilidad de obtener financiamiento.
BAJO (2)	De conocimiento interno.
MUY BAJO (1)	De conocimiento de un área o persona

Fuente: Elaboración propia.

2) *Cálculo del Riesgo*

Seguidamente, se calculará el riesgo. Esto se hace multiplicando la probabilidad por el impacto.

Riesgo Residual Económico:

> ✓ Riesgo Económico (R_E) = Probabilidad (P) x Impacto Económico (I_E)

Riesgo Residual Reputacional:

> ✓ Riesgo Reputacional (R_R)= Probabilidad (P) x Impacto Reputacional (I_R)

Así, obtendremos una matriz de valoración de los riesgos.

Figura 11. Matriz de valoración de riesgos (probabilidad * impacto)

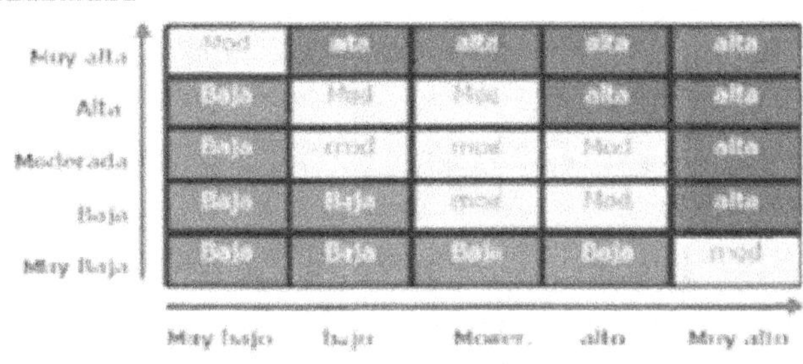

Fuente: EALDE (2019) *3 factores para crear una matriz de evaluación de riesgos en una empresa.* Disponible en: https://www.ealde.es/matriz-evaluacion-riesgos/

Esta matriz de doble entrada se obtiene de la combinación de probabilidad e impacto. Generalmente, se utilizan colores para distinguir los diferentes niveles de riesgo. Así, el rojo indica el mayor nivel de riesgo(alta probabilidad y alto impacto).

Etapa 4: Valoración del riesgo

La finalidad de la evaluación de riesgos es contribuir en la toma de decisiones, implica comparar el nivel de riesgo obtenido durante la etapa anterior contra los criterios de riesgo establecidos al inicio del ejercicio.

Otros aspectos a tener en cuenta son el apetito y la tolerancia de la organización, la situación de la institución, los costos asociados a la implementación de mitigación del riesgo identificado. Además, se deberían tomar en consideración requisitos legales, reglamentarios y otros requisitos.

Etapa 5: Tratamiento del riesgo

"Ocuparse y no preocuparse; prevenir y no lamentar".

El propósito del tratamiento o gestión del riesgo es seleccionar e implementar acciones y opciones para gestionar el riesgo. La selección de las opciones más apropiadas para el tratamiento del riesgo implica hacer un balance entre los beneficios potenciales, derivados del logro de los objetivos contra costos, esfuerzo o desventajas de la implementación.

Entonces, agrupamos, en los siguientes conceptos, las opciones para tratar el riesgo:

a) Aceptar el Riesgo

- Aceptar los riesgos de acuerdo a los niveles de apetito y tolerancia de riesgo.

- Puede implicar aumentar el nivel de riesgo. Por ejemplo: continuar vendiendo a crédito.

b) Evitar el Riesgo

- Implica eliminar el riesgo.
- Reducir la expansión de una línea de productos a nuevos mercados.
- Vender una división, unidad de negocio o segmento geográfico altamente riesgoso.
- Dejar de producir un producto altamente riesgoso.

Por ejemplo: no vender al crédito y exigir pago de contado a determinados clientes.

c) Compartir el Riesgo

- Compra de seguros contra pérdidas esperadas significativas.
- Contratación de outsourcing para procesos del negocio.
- Compartir el riesgo con acuerdos sindicales o contractuales con clientes, proveedores u otros socios de negocio.

Por ejemplo: realizar la mitad de la venta consiguiendo otro vendedor.

d) Mitigar el Riesgo

- Establecer controles (preventivos, detectivos, correctivos).
- Fortalecimiento del control interno en los procesos del negocio.
- Diversificación de productos / ingresos.
- Establecimiento de límites a las operaciones y monitoreo.

Por ejemplo: realizar la venta pero obteniendo una garantía del comprador o un tercero.

Ernesto Bazán en su libro Gestión integral de riesgos en entidades financieras: Una guía para diseñar, implementar y potenciar metodologías, técnicas y herramientas de gestión (2020) propone una guía para el tratamiento del riesgo que consiste en tres fases:

1. **Medidas de prevención:** busca reducir las probabilidades de que ocurra un evento o riesgo. Por ejemplo: prohibir fumar

dentro de un local para reducir la probabilidad de incendio en las instalaciones.

2. **Medidas de alerta:** busca generar mensajes como medidas de alerta. Por ejemplo: colocar una alarma de incendios que detecta el humo dentro del local.

3. **Medidas de reducción del daño:** procura minimizar el daño, si ocurriese el evento o riesgo. Por ejemplo: disponer de extintores, rociadores de agua y adquirir pólizas de seguro.

Preparación e implementación de los planes de tratamiento del riesgo

Una vez que se determina una acción (cualquiera que hayamos determinado), es necesario crear un plan de trabajo (planes de acción) para especificar la manera en la que se llevarán a cabo. Asimismo, los responsables tendrán claras sus acciones y así se puede realizar el seguimiento del avance respecto de lo planeado.

Los planes de acción deben incluir las acciones, los responsables, los recursos, cómo se medirá el cumplimiento y los plazos previstos para la finalización de estas. Debajo se detallan dos ejemplos para demostrar lo explicado:

Ejemplo 1:

La probabilidad de morir en un accidente automovilístico es de 1,19% a lo largo de la vida de una persona.

Control: el uso del cinturón de seguridad disminuye entre un 45% y un 50% el riesgo de defunción de los ocupantes delanteros de un vehículo; es decir, que pasa a ser de 0,595%.

Costo: no hay un costo económico por el uso del cinturón de seguridad. El costo puede ser de incomodidad o no querer mostrar que uno no confía en sus condiciones de manejo.

Esto quiere decir que cuando manejamos sin cinturón de seguridad estamos pasando la probabilidad de morir en un accidente del 0,595% al 1,19%. Ese es el riesgo que asumimos.

Ejemplo 2:

Dijimos que la probabilidad de morir en un accidente automovilístico es de 1,19% a lo largo de la vida de una persona.

Control: reducir la velocidad disminuye el riesgo de defunción en un 21% (velocidad de 110 km/h a 95 km/h); es decir, que pasa a ser de 0,94%.

Costo: en este caso, el costo es nuestro valor del tiempo (el valor que le asignamos al mayor tiempo que tardaríamos a la menor velocidad). Se podría restar el menor gasto de combustible a la menor velocidad.

Esto quiere decir que cuando manejamos más rápido estamos asumiendo este mayor riesgo, valorando muy caro el control (y nuestro tiempo).

Etapa 6: Seguimiento y revisión

El propósito de esta etapa es asegurar y mejorar la calidad y la eficacia del proceso. El seguimiento continuo, la revisión periódica del proceso y sus resultados deben ser una parte planificada del proceso de la gestión del riesgo.

El seguimiento y la revisión deberían tener lugar en todas etapas del proceso. Estas incluyen planificar, recopilar y analizar información, registrar resultados y proporcionar retroalimentación; los resultados deberían incorporarse a todas las actividades de la gestión.

Esta etapa permite obtener la información adicional para mejorar la valoración del riesgo, analizar y sacar conclusiones de los eventos, cambios, tendencias, éxitos y fallos. Permite detectar los cambios en el contexto interno y externo e identificar nuevos riesgos.

Etapa 7: Comunicación y consulta

La finalidad de esta etapa es asistir a todas las partes interesadas pertinentes a comprender el riesgo (fuentes, valoraciones) y mejorar su toma de decisiones. La comunicación procura promover la toma de conciencia y la comprensión del riesgo. Por otro lado, la consulta implica obtener retroalimentación e información.

La comunicación y consulta con las partes interesadas apropiadas, externas e internas, se debería realizar en todas y cada una de las etapas del proceso de la gestión del riesgo. Se debe procurar que todas las diferentes partes interesadas que estuvieron involucradas en el proceso, cuenten con esta información. Asimismo, es necesario considerar de manera apropiada los diferentes puntos de vista, tanto cuando se definen los criterios del riesgo como cuando se valoran los riesgos. Es necesario que todos proporcionen información para facilitar la toma de decisiones y hacer partícipes a todos del ejercicio.

Etapa 8: Registro e informes

El proceso de la gestión del riesgo y sus resultados se deberían documentar e informar a través de los mecanismos apropiados. El registro e informe pretende comunicar las actividades, sus resultados a toda la organización y proporcionar información para mejorar la toma de decisiones.

Los reportes que se generen deben ser oportunos, concretos y claros. Asimismo, deben llegar a las personas que toman las decisiones, en el momento que se necesite. Por ello, es vital que la máxima autoridad tenga conocimiento de los riesgos, exposiciones y mitigantes.

CAPÍTULO IV:
GESTIÓN DE RIESGOS

¿Qué pasa cuando no hay una correcta gestión de riesgos?

"Un barco en el puerto es seguro, pero no es para eso para lo que se construyen las naves. Navegad en el mar y haced cosas nuevas".

GRACE MURRAY HOPPER

En este apartado tomaremos algunos ejemplos de la historia, que sirven para demostrar cómo es que hay ciertas situaciones que pueden evitarse si se tomaran los recaudos necesarios y se hiciera una correcta evaluación y gestión de riesgos.

El Titanic

El 14 de abril de 1912, se materializó el riesgo:

Figura 12. Hundimiento del Titanic

Fuente: National Geographic. Disponible en:
https://www.nationalgeographic.org/media/sinking-of-the-titanic/

1. La **causa**: choque con un iceberg.

2. El **evento**: el hundimiento del Titanic, dos horas y 40 minutos después.

3. Las consecuencias o **impactos** fueron: la muerte de más de 1 500 personas, pérdidas económicas y otros.

Sin embargo, es un caso particular por la cantidad de vulnerabilidades o gestión inadecuada de riesgo (antes y durante el accidente). Veamos estas vulnerabilidades:[16] [17]

a) Previo a zarpar

- Ya vimos que solamente se habían colocado botes salvavidas para 1 200 personas cuando había 2 200 personas arriba del barco. Es decir, se priorizó que hubiera espacios libres para personas y no botes salvavidas.

- La tripulación no había sido entrenada en un sistema nuevo de seguridad. Asimismo, no se habían establecido los procesos adecuados para su uso.

- Los tripulantes que debían alertar y miraban al mar no contaban con binoculares. Una persona que había dejado de trabajar en la empresa unos días antes había olvidado de entregar las llaves de la caja donde estaban guardados.

- Muchas de estas vulnerabilidades fueron creadas por restricciones presupuestarias en la confección del barco. La competencia en el armado de barcos para movilizar personas hacía que se restringieran ciertos gastos provocando riesgos innecesarios.

- Buena parte de los riesgos fueron creados por un problema puntual: los dueños y operadores tomaron mayores riesgos por su premisa de recortar gastos.

- Por no haber una instancia de control independiente muchas de las decisiones fueron malas o erradas. No había una mirada sobre la seguridad de los pasajeros y tripulantes.

---

16 https://www.readersdigest.ca/culture/titanic-facts-should-know/

17 https://www.riskope.com/2013/02/20/looking-back-to-move-forward-the-risk-analysis-legacy-of-the-titanic/

b) Durante el viaje

- A pesar de que hubo alertas sobre hielo, el capitán instruyó aumentar la velocidad. Se pretendía cruzar el océano Atlántico en tiempo récord. No se había identificado el riesgo de navegar con hielo.

- Debido a la mala capacitación de la tripulación en el sistema de seguridad, no todos los mensajes llegaron a la torre de seguridad y varios se perdieron.

- Al haber luna llena, se crearon olas inusualmente grandes que movilizaron los icebergs hacia la ruta del Titanic.

- Ciertas condiciones especiales de ese día, hicieron que se creara un efecto visual que impedía que otros barcos vieran al Titanic.

- Un simulacro de uso de botes salvavidas fue suspendido un día antes del hundimiento para que la gente participara de ciertas actividades religiosas.

- Debido a la desorganización y al pánico de la gente, varios de los botes salvavidas no salieron completamente llenos.

- Las personas que divisaron el iceberg (sin los binoculares) solo alertaron 37 segundos antes de golpear contra él.

- Una mujer murió al regresar de un bote salvavidas (antes de salir) a buscar a su perro.

- Como anécdota, un cocinero que había tomado mucho whisky sobrevivió dos horas en el agua (la mayoría de la gente murió de hipotermia a los quince minutos).

Septiembre 2001

Veremos ciertos aspectos de riesgos en lo que fue el ataque terrorista del 2001.

Figura 13. Impacto sobre las Torres Gemelas

Fuente: FP News (2018) *Al Qaeda won*. Disponible en:
https://foreignpolicy. com/2018/09/10/al-qaeda-won/

1. La **causa**: un ataque terrorista (era impensado que pudieran secuestrar aviones para utilizarlos como armas).

2. El **evento**: el derribo de las dos torres gemelas (entre otras edificaciones).

3. Las **consecuencias**: la muerte de casi 3 000 personas (considerando los pasajeros de los aviones secuestrados, los ciudadanos de Nueva York y los trabajadores en el edificio del Pentágono). Además de las cuantiosas pérdidas económicas (no solo las dos torres, sino varias en los alrededores), pérdidas de equipos de comunicaciones y otros.

A continuación, se presentan algunas de las situaciones particulares de este evento:[18] [19] [20] [21]

- El FBI había desechado varios reportes que indicaban un posible atentado terrorista.

- Los terroristas tomaron el control de los aviones muy rápido y solamente con navajas y aerosoles. Pudieron acceder a los

---

18 https://www.sec.gov/divisions/marketreg/lessonslearned.htm
19 https://knowledge.wharton.upenn.edu/article/ten-years-after-911-risk-management-in- the-era-of-the-unthinkable/
20 https://www.ehstoday.com/archive/article/21905700/risk-management-expert-unveils- lessons-learned-from-911
21 https://www.sciencedirect.com/science/article/pii/S2214999614002926

aviones sin la detección de la seguridad. Asimismo, pudieron acceder a las cabinas sin dificultad.

- Producto de la composición de los edificios, la protección de las infraestructuras de las Torres salió desprendida con el impacto de los aviones. Si no hubiera sucedido esto, las Torres no se hubieran caído.

- Los huecos de las escaleras de las Torres no estaban adecuadamente reforzados para cumplir la función de salida de emergencia.

- Se interrumpió la comunicación (por ejemplo con la Reserva Federal, los bancos, los principales mercados donde cotizan activos financieros).

- Produjo un impacto severo en la economía norteamericana y mundial, lo que provocó recesión.

- Considerables efectos sobre la salud producto de los escombros tóxicos.

- Cuantiosas pérdidas para la industria aseguradora. Incluso, se debatió fuertemente si habían sido uno o dos eventos (importancia del contrato y riesgo legal).

- Varios de los planes de continuidad del negocio no había contemplado escenarios, siquiera, similares al que se originó. Muchos no consideraron la indisponibilidad de la mayor parte de su personal, comunicaciones, etc.

- Muchas organizaciones habían establecido su centro alterno o centro de back-up de información cerca de su edificio principal y ante el evento, tuvieron serias dificultades para seguir operando. Incluso, algunas organizaciones habían establecido el centro alterno en la otra torre.

- Muchas organizaciones no habían considerado un impacto eventual del sistema de transporte y no habían ideado formas de movilizar al personal a otros lados.

- Gran concentración de instituciones financieras que dejaron de operar generando un problema de liquidez en el sistema.

- Concentración de los sistemas de comunicaciones en los alrededores del lugar, afectando severamente las comunicaciones.

- Después del choque de un avión en la torre norte, un empleado de Morgan Stanley ignoró las órdenes que se impartían en la Torre sur haciendo desalojar 3 700 empleados de la firma antes del impacto del segundo avión (20 pisos por escalera). Esta persona regresó una última vez a revisar que no quedara nadie justo cuando se cayó el edificio y murió.

- Dada la gran cantidad de agencias (casi 150 diferentes) fue bastante caótica la coordinación de los rescates y esfuerzos realizados. Incluso, algunas agencias que debía velar por el riesgo medioambiental se encontraban en los alrededores del lugar y no pudieron acceder a las mismas. Algunas de las agencias involucradas fueron: New York City Office of Emergency Management, Federal Emergency Management Administration, Environmental Protection Administration, New York City Fire Department, the New York City Department of Design and Construction, Port Authority y la policía de Nueva York.

- Muchos de los socorristas y personal que acudió al lugar nunca contaron con la capacitación adecuada para un evento similar, ni tampoco sobre el uso de equipamiento de protección.

- Con el tiempo, se dieron otros riesgos: salud mental, escombros, reconstrucción, manejo de material tóxico, etc.

- Por último, un riesgo derivado del accidente: una española se hizo pasar por superviviente del atentado adoptando una identidad falsa. Llegó a ser presidenta de un comité de Supervivientes y cobró el seguro; luego se descubrió su fraude.

¿Qué pasa cuando hay una adecuada gestión de riesgos?

"Tomar las decisiones correctas es más fácil cuando conoces los riesgos".

En este apartado, tomaremos algunos ejemplos que sirven para demostrar cómo una adecuada gestión de riesgos, permite cumplir objetivos y minimizar las pérdidas.

Nueva Zelandia y el coronavirus

Cuando a principios del año 2020 comenzaron a aparecer los casos de coronavirus, la mayoría de los países comenzaron a tomar medidas para proteger a sus ciudadanos de la enfermedad (y eventual muerte) restringiendo ciertas libertades de las personas y cerrando ciertas actividades.

Figura 14. Coronavirus

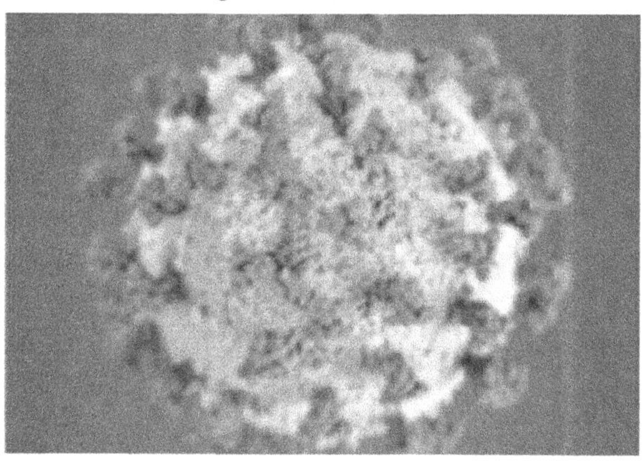

Fuente: https://www.isglobal.org/coronavirus

1. La **causa**: rápido contagio del virus.

2. El **riesgo**: las personas se contagiarán.

3. Los **impactos** o consecuencias: las personas se enfermarán, morirán y/o colapsará el sistema de salud.

Las acciones que tomaron los diferentes gobiernos fue la de restringir libertades y su costo fue económico (caída de la actividad, desempleo, menor ingreso disponible).

Uno de los países que más se destacó en la contención y eliminación del virus fue Nueva Zelandia. Al 9 de junio de 2020, la Universidad John Hopkins reportaba que Nueva Zelandia tenía 1 504 casos confirmados y solo 22 muertes [22].

Veamos la cronología de sus acciones y las claves de su éxito:

- 3 de febrero de 2020: sin tener ningún caso, Nueva Zelandia comenzó a imponer restricciones en viajes para personas que llegaban desde China continental [23].

- 28 de febrero de 2020: incluyó en las restricciones de viajes a personas que llegarían desde Irán o que hubieran estado en el crucero Diamond Princess.

- 28 de febrero de 2020: confirma su primer caso. Un neozelandés que había llegado desde Irán.

- 21 de marzo: se introduce el sistema de niveles de riesgos, estableciendo al país en el nivel 2 (de cuatro).

- 23 de marzo de 2020: con 102 casos confirmados, la primera ministra Jacinda Ardern elevó el nivel de alerta del país a 3, alegando que el país se encontraba bajo "elevado riesgo de que la enfermedad no pudiera ser contenida". Esta decisión implicó el cierre de escuelas y prohibición de concentraciones públicas.

- 25 de marzo de 2020: se pasó a un nivel de riesgo 4, que instruía a todas las personas a quedarse en sus casas y limitando severamente la circulación.

- 9 de abril: se impuso una cuarentena obligatoria para toda persona que regresara al país.

- 27 de abril de 2020: se bajó el nivel a 3, liberando algunas restricciones.

- 13 de mayo de 2020: se bajó a nivel 2, liberando la mayoría de las restricciones aunque manteniendo distancia social y limitaciones para reuniones.

- 19 de mayo de 2020: se detecta el último caso nuevo.

- 8 de junio de 2020: hacía 17 días que no se registraban nuevos casos y el día anterior (7 de junio) se quedó sin casos activos.

---

22 www.coronavirus.jhu.edu/map.html

23 https://people.com/health/new-zealand-lift-coronavirus-restrictions-no-active-cases/

Regresó a un nivel de riesgo 1 que implica que se regresa a la normalidad (con excepción de ingresos al país), incluyendo conciertos y eventos deportivos masivos.

El tiempo total de cuarentena estricta (nivel 4) fue de siete semanas. Si bien, posteriormente, se detectaron ciertos contagios aislados, se presenta como una gestión exitosa de riesgos.

Luego de haber enumerado las acciones para prevenir la expansión del virus, mostramos las claves del éxito para erradicar el virus en dicho país [24] [25] [26] [27]:

- Reacción rápida por parte de las autoridades. Antes del primer caso, ya habían tomado medidas de protección.

- Estricta política de contención y confinamiento.

- Rápido programa que establecía a las personas que llegaban al país el confinamiento voluntario, luego obligatorio, toma de temperatura, cámaras térmicas, etc.

- Relativamente pequeña población (casi cinco millones de habitantes) y siendo una isla, no había ingresos.

- La mayor parte de la población acató las medidas.

- Aumentó rápidamente las capacidades para testear e implementaron rastreos para seguir el virus.

- Establecieron medidas de aislamiento para todas las personas que habían tenido contacto con alguna persona con el virus.

- Masivas campañas de comunicación a través de todos los medios tradicionales y digitales instruyendo a la población acerca de las medidas básicas de higiene para la prevención del contagio.

---

24 https://people.com/health/new-zealand-lift-coronavirus-restrictions-no-active-cases/

25 https://www.businessinsider.com/experts-australia-new-zealand-examples-how-to- slow-coronavirus-2020-4

26 https://www.ndtv.com/world-news/coronavirus-new-zealand-clears-its-last-covid- 19-case-2242393

27 https://www.lavanguardia.com/participacion/lectores-corresponsal es/20200526/481384618970/claves-exito-nueva-zelanda-lucha-control-covid-19-pandemia.html

- Recomendaciones a las empresas para potenciar el teletrabajo, siempre que fuera posible.

- La comunicación clara, directa y honesta por parte del Gobierno fue uno de los puntales del éxito. Informaba a la población, tranquilizaba, aportaba datos estadísticos y ponía en perspectiva estos datos.

- Liderazgo por parte de la primera ministra Jacinda Ardern, cuya excelente gestión ya había sido vista durante el atentado en la mezquita de Christchurch o en la erupción del volcán en White Island. Se destacó su humanidad, humildad, respeto, modo eficaz y sensible. Siempre estuvo acompañada por el Director General de Salud Pública, Dr. Ashley Bloomfield, profesional sereno, afable y de enorme credibilidad científica. Bloomfield transmitió una gran credibilidad por la solidez de sus argumentos y respuestas a cualquier tipo de pregunta.

- El Gobierno mostró una enorme sensibilidad, empatía y sintonía desde el primer momento con la población. Todo el gobierno lo demostró desde el principio predicando con el ejemplo: una de las primeras medidas que adoptaron fue un acuerdo para la inmediata reducción del sueldo de todos los miembros del gabinete, durante los siguientes seis meses, como muestra de solidaridad y respeto a la población, lo cual también se hizo extensivo a altos cargos de empresas gubernamentales. Incluso, un funcionario público fue degradado de su puesto por incumplir la cuarentena.

- Para aliviar el impacto del confinamiento sobre la economía se tomaron medidas fiscales y económicas de alivio y apoyo a la población. Las medidas se anunciaron de inmediato y se aplicaron sin demora. A los pocos días de iniciarse el confinamiento, el Parlamento aprobó un presupuesto inicial de 26 billones de dólares para ayudas a empresas y autónomos, que posteriormente se han ampliado con dos presupuestos adicionales de 16 billones y 20 billones de dólares, que llevan el total del presupuesto destinado a la recuperación del impacto de la COVID-19 a los 62 billones de dólares, uno de los mayores presupuestos destinados a un único objetivo que se recuerda en la historia del país. La mayoría de las medidas fueron de disponibilidad inmediata (desde el día siguiente de su anuncio y cobrables en efectivo).

- La Banca también ayudó a la población a través de renegociación de condiciones, vencimientos y rebaja de cuotas de hipotecas para todo aquel que lo necesitara.

- Todos los grupos políticos han aparcado sus debates y diferencias, y han apoyado las medidas adoptadas por el gobierno, entendiendo que el bien común y la consecución del objetivo de erradicación del virus pasaba por la unidad en todos los niveles, tanto de la población como también a nivel político, evitando disputas o debates estériles que pudieran poner en riesgo la consecución del objetivo común. Esto incluso cuando habrá elecciones en el 2020 (septiembre).

- Gran respuesta de la población, respetando de forma ejemplar y disciplinada las condiciones del confinamiento y siguiendo fielmente las indicaciones y recomendaciones dadas desde el Gobierno.

- Destacada labor del cuerpo de policía. Su responsabilidad era la de velar por el cumplimiento del confinamiento por parte de la población, y realizó su tarea priorizando la labor informativa y educativa sobre la punitiva.

- Amplia disponibilidad de material sanitario en todo momento (mascarillas, guantes, respiradores, etc.).

- Buena infraestructura médica (equipamientos, camas de UCI, personal).

- Trabajo coordinado de todo el ámbito científico y con epidemiólogos neozelandeses, desde un primer momento, por adoptar el enfoque de "eliminación" del virus.

El Shinkansen

El tren japonés de alta velocidad Shinkansen, que alcanza velocidades máximas de más de 300 kilómetros por hora, despierta admiración entre los japoneses, turistas y fanáticos de los ferrocarriles. Este tren inauguró la era de los trenes de alta velocidad con su primer recorrido el 1 de octubre de 1964.

Entre las principales virtudes que exhibe, se puede observar un balance de seguridad casi impecable. Desde que entró en servicio hace más de 50 años, ninguna persona ha muerto en un accidente del Shinkansen.

Figura 15. Shinkansen

Fuente: National Geographic. Disponible en: https://url2.cl/tCelh

El tren fue inaugurado para los Juegos Olímpicos de Tokio y desde entonces su línea troncal se fue ampliando progresivamente. Actualmente, la red de líneas ferroviarias tiene una extensión total de 2 663 kilómetros y por esa red fueron transportados, en los últimos 50 años, más de 10 000 millones de pasajeros. El Shinkansen sigue teniendo fama de ser el tren de alta velocidad más seguro del mundo.

Su adecuada gestión de riesgos se basa en la excelente tecnología, el buen mantenimiento de los trenes y la extraordinaria puntualidad. La red está separada de la de los suburbanos y está casi totalmente vallada. Los tiempos de viaje, las horas de llegada y de paso están planeados en unidades de 15 segundos. También impresiona la limpieza de los trenes. Por todo esto, podemos concluir que el riesgo de accidentes es casi cero, que el riesgo de llegar tarde a un evento o cita es mínimo y que el riesgo de sufrir un robo o accidente también es casi nulo.

CAPÍTULO V.
DIVERSAS CLASIFICACIONES DE RIESGOS

"El hombre prudente se previene contra el futuro como si estuviese presente".

PUBLIO SIRO

En la siguiente sección, se presentan dos formas de clasificar los riesgos, de acuerdo a su nivel de impacto y de acuerdo a su tipología.

Clasificación de los riesgos de acuerdo a su nivel de impacto

Podemos clasificar los riesgos de acuerdo a nuestro nivel de análisis, como se presenta en la siguiente Figura:

Figura 16. Clasificación de riesgos.

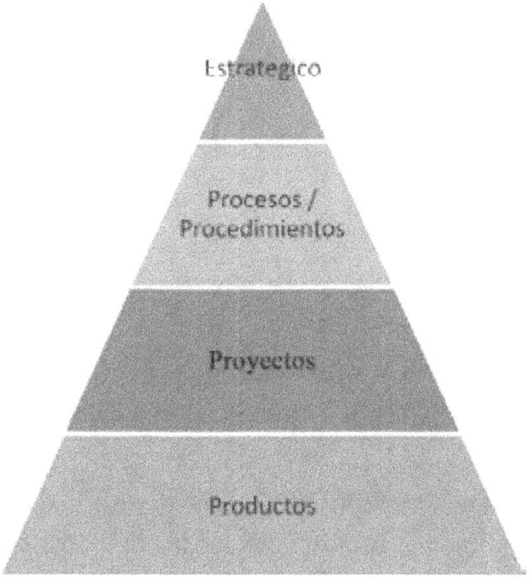

Fuente: Elaboración propia.

Gestión del riesgo estratégico

Toda organización tiene un objetivo y fue creada con una determinada misión y visión. Para ello, se diseñan estrategias (de cómo alcanzar los objetivos establecidos). El principal ejercicio de gestionar el riesgo es realizar el ciclo de gestión de riesgos sobre la misión, visión y estrategia de la organización.

Figura 17. Misión, visión, estrategia y procesos

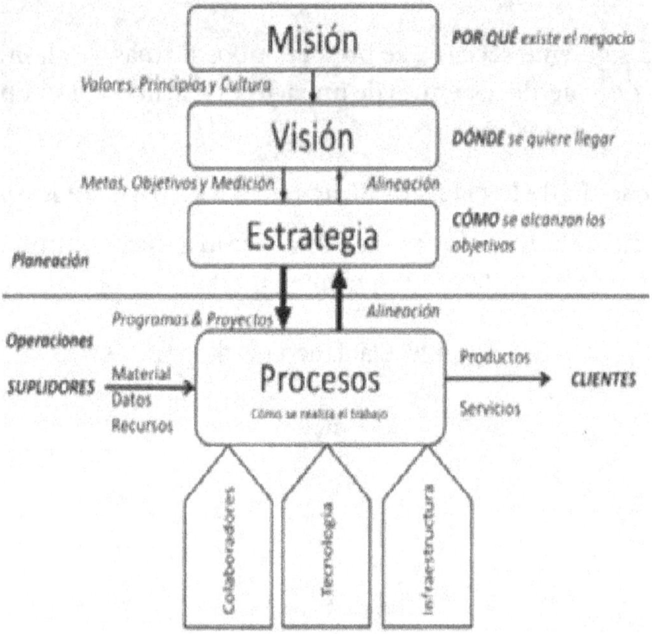

Fuente: Medium

Se deben así gestionar los riesgos que puedan impedir o dificultar que la organización cumpla con su misión, visión y objetivos estratégicos.

Esta metodología pretende facilitar la identificación de los riesgos que pueden limitar el cumplimiento de los objetivos estratégicos. El primer paso consiste en tomar los objetivos estratégicos de la organización, ya que a partir de estos se identificarán cuáles son los riesgos que podrían ocurrir y que limitarían o impedirían el cumplimiento de los objetivos de la organización.

A modo de ejemplo, se presenta un Cuadro de Mando Integral (CMI) de una organización:

Figura 18. Ejemplo de CMI

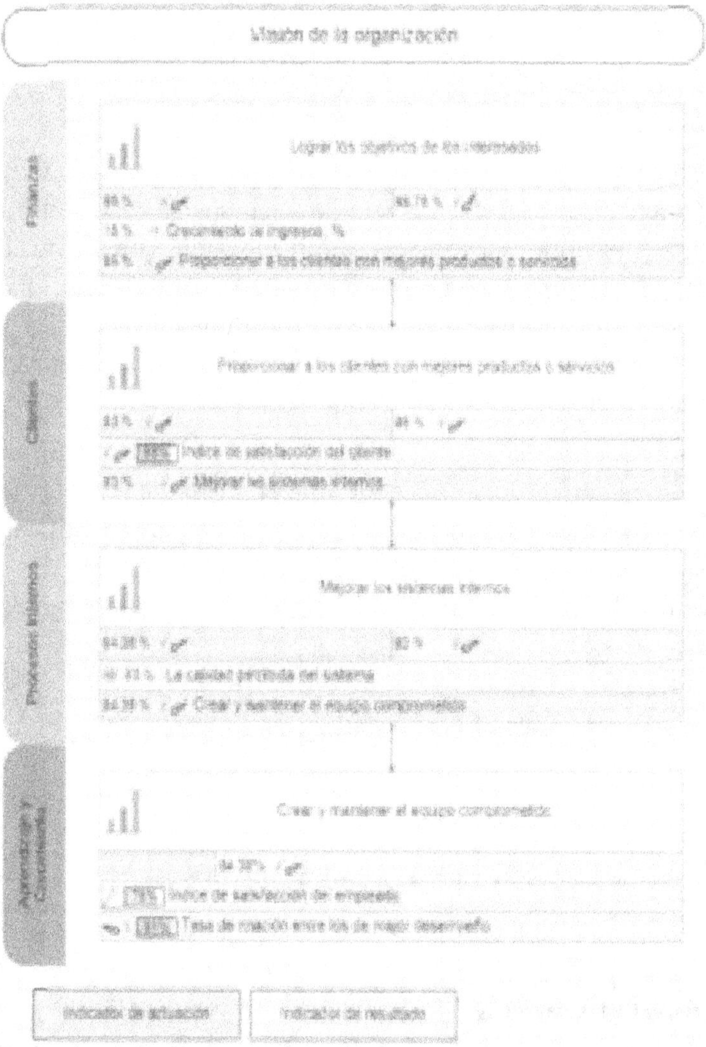

Fuente: BSC Designer

Una vez identificados los objetivos de la organización, se debe realizar un ejercicio para identificar los riesgos que podrían impedir el cumplimiento de estos. Para este ejercicio, se pueden usar diversas técnicas como ya vimos: opinión de expertos, encuestas, ejercicios con organizaciones similares, uso de información histórica o combinaciones entre ellas.

Seguidamente, se debe llevar a cabo el proceso de gestión de riesgos detallado en las secciones anteriores.

Gestión de riesgos estratégicos en Coca Cola

Recuerdo que siendo gerente de riesgos de un banco internacional y mientras le contaba a la jefa de Recursos Humanos del banco mis preocupaciones sobre un préstamo, me dijo: "Para mí, un área de riesgos de un banco es como el responsable del área de control de calidad en Coca Cola. Este no puede permitir que salga una Coca Cola con alguna variación. Todos los productos deben ser exactamente iguales y él está para rechazar cualquier desvío".

Su forma de ver la gestión de riesgos es como la de contribuir a la calidad de la organización. Siendo una empresa totalmente globalizada, Coca Cola posee un proceso sistemático para identificar, medir, registrar, evaluar, prevenir y mitigar riesgos. Veamos hoy cuáles pueden ser los riesgos estratégicos empresariales más relevantes para una empresa como Coca Cola[28].

Tabla 5. Posibles riesgos empresariales

RIESGO	DESCRIPCIÓN	IMPACTOS	ACCIONES MITIGANTES
RELACIONES ESTRATÉGICAS	Pérdida de las relaciones estratégicas con las distribuidoras (Femsa).	Pérdidas económicas o reputacionales.	Cumplimiento de los acuerdos. Búsqueda con sus aliados estratégicos de crecimiento y creación de valor para los socios.
DEMANDAS	Cambio en las preferencias de los consumidores.	Reducción de la demanda. Menores ingresos.	Transformación de la empresa en una compañía de bebidas con amplio menú y siguiendo las tendencias de los consumidores. Crecimiento de las líneas de baja cantidad de azúcar o sin azúcar. Promoción de líneas saludables.

28 https://www.coca-colafemsa.com/KOF2018/comprehensive-risk-management.html

RIESGO	DESCRIPCIÓN	IMPACTOS	ACCIONES MITIGANTES
PATENTES	Violaciones a las patentes.	Daño a la marca y reputación de la empresa.	Mantenimiento de los derechos de propiedad y propiedad intelectual de la marca. Cumplimiento de una política de marketing responsable.
COMPETENCIA	Posicionamiento agresivo por parte de la competencia.	Pérdida de ingresos o negocios (por cambios en la costumbre de consumidores o políticas agresivas de precios).	Revisión constante de precios. Inclusión regular de promociones y acceso a diversidad de puntos de venta. Mejora en la experiencia del consumidor. Oferta de productos innovadores.
CIBERATAQUES	Interrupción del servicio, pérdida de información.	Pérdida de información y afectación de la imagen.	Prevención e identificación de posibles ataques. Entrenamiento. Firewalls.
CONDICIONES ECONÓMICAS, POLÍTICAS O SOCIALES	Cambio en las condiciones económicas o sociales en los países donde opera. Nuevas regulaciones.	Reducción de ingresos. Menor demanda. Baja de precios. Menor rentabilidad.	Cobertura de riesgos de tasas de interés, tipos de cambio o materia prima. Evaluación recurrente de las condiciones económicas y anticipación de medidas dentro de lo posible.
REGULACIONES	Nuevos impuestos o regulaciones.	Incremento de los costos. Restricciones. Menores ingresos.	Seguimiento de los riesgos regulatorios y propuestas que pudieran afectar al negocio. Trabajo en conjunto con reguladores en la medida de lo posible.
LEGALES	Resultado adverso de procedimientos legales.	Impacto financiero. Investigaciones relacionadas con impuestos, protección de consumidor, medio ambiente o situaciones laborales.	Cumplimiento de leyes y regulaciones. Cumplimiento de acuerdos laborales.
ADQUISICIONES	Poca habilidad para integrar las adquisiciones o menores sinergias.	Pasivos contingentes. Mayores costos.	Seguimiento oportuno de las adquisiciones. Retención de personal clave y experimentado.

RIESGO	DESCRIPCIÓN	IMPACTOS	ACCIONES MITIGANTES
TIPO DE CAMBIO	Movimiento de los tipos de cambio.	Menor rentabilidad por desvalorizaciones de las monedas locales. Aumento de materias primas. Menor rentabilidad.	Cobertura de posiciones cambiarias o de materias primas.
CAMBIO CLIMÁTICO	Condiciones climáticas desfavorables.	Pérdidas de operaciones. Menores ventas. Afectación de la capacidad instalada, infraestructura o puntos de venta.	Cumplimiento con las medidas necesarias de cambio climático. Identificación y gestión de medidas medioambientales, como uso eficiente del agua, energía y materiales.
MEDIOS SOCIALES	Información negativa o inexacta sobre la compañía en medios.	Afectación de la reputación.	Protección de la marca. Gestión proactiva de los medios de comunicación. Seguimiento de los medios sociales.
AGUA	Escasez de agua.	Falta de agua que pudiera afectar a la producción. Cambios climáticos o regulatorios podrían afectar la disponibilidad de agua.	Uso eficiente del agua. Mantenimiento de proyectos de conservación del agua. Medición de un índice de riesgo de agua.
MATERIA PRIMA	Suba del precio o menor disponibilidad.	Aumento de costos. Dificultades para la producción. Menor rentabilidad.	Uso de coberturas para mitigar suba de precios de materias primas. Gestión activa sobre el riesgo de la cadena de suministros. Ajustes en el portafolio de productos para minimizar el riesgo de disrupción de operaciones.

Fuente: Coca Cola (2020). Administración integral de riesgos. Disponible en: https:// coca-colafemsa.com/reportes/KOF2018/es/comprehensive-risk-management.html

Gestión de riesgos operativos (procesos o procedimientos)

De acuerdo a la norma ISO 9 000, un proceso es un conjunto de actividades mutuamente relacionadas o que interactúan, las cuales transforman elementos de entrada en resultados. En una institución financiera, existen diferentes procesos: gestión de las inversiones, gestión de préstamos, fondeo, procesos contables.

La misma norma define un procedimiento como una forma específica para llevar a cabo una actividad o un proceso. Un procedimiento es un método compuesto por pasos claros y objetivos que deben seguirse para completar la tarea. Un procedimiento, en una institución financiera, sería la compra de inversiones, el control y seguimiento de la cartera de inversiones, las ventas de esos activos o la valuación (todos dentro del proceso de inversiones).

La diferencia entre proceso y procedimiento radica en que los procesos son actividades generales para lograr un objetivo y los procedimientos son pasos puntuales que se deben seguir para completar una tarea.

Para llevar a cabo el ejercicio de identificación de riesgos de un proceso o procedimiento, se deben determinar los objetivos de esos procesos o procedimientos. Luego, se analizan las actividades específicas y se identifican los riesgos que podrían impedir cumplir los objetivos establecidos. Veamos, como ejemplo, los riesgos asociados al procedimiento: "Apertura de cuentas en bancos". Se considerará que el objetivo del procedimiento es abrir cuentas en diferentes instituciones financieras para la gestión de liquidez y pagos, evitando fraudes y uso inadecuado de los fondos.

- Debido a debilidades en el diseño y/o ejecución de los controles, se podría generar un error en la solicitud transferencia de recursos (cuenta, monto, banco, etc.), incurriendo en pérdidas económicas para la organización.

- Debido a debilidades en el diseño y/o ejecución de los controles (de revisión, autorización, etc.) o con el objetivo de obtener un beneficio personal o de un tercero (p.ej. económico), se podría generar un fraude en la transferencia de recursos, incurriendo en pérdidas económicas para la organización.

- Por debilidad en los controles, no aplicación de los mismos, o desconocimiento de los procedimientos, se podrían abrir cuentas a nombre de la organización de forma indebida (p.ej.: personal no autorizado), incurriendo en pérdidas económicas.

- Debido a desconocimiento, falta o debilidad de controles, abuso de confianza, etc., se podrían abrir cuentas a nombre de la organización de forma indebida, lo que pudiera generar fraudes y/o afectar los estados contables de la organización.

- Por errores, desconocimiento o falta de comunicación sobre la creación de una nueva cuenta, se podrían cometer errores en la creación o registro de la cuenta contable, lo que afectaría la presentación de saldos en los estados financieros.

- Debido a la falta de un análisis de los bancos o realización de la debida diligencia, se podría abrir una cuenta en una institución que tenga riesgos crediticios elevados o de riesgos financieros, lo que pudiera crear mayor exposición crediticia y/o efectos de imagen para la organización.

- Debido a la falta de controles o criterios, se podrían crear muchas cuentas (que podrían no utilizarse), que conlleven a riesgos operacionales y costos asociados a la administración de las mismas.

- Debido a la ausencia de personal, o personal sin experiencia o conocimiento específico en las actividades del proceso, etc., no se podría ejecutar el procedimiento, afectando el flujo normal de las operaciones (parciales o totales) de la organización.

- Debido a eventos externos, etc., no se podría ejecutar el procedimiento, afectando el flujo normal de las operaciones (parciales o totales) de la organización.

- Debido a la ausencia de sistemas o que brinden información al proceso, o fallas en los aplicativos del proceso, etc., no se podría ejecutar el procedimiento, afectando el flujo normal de las operaciones (parciales o totales) de la organización.

Gestión de proyectos

"La ciencia de los proyectos consiste en prevenir las dificultades de su ejecución".

MARQUÉS DE VAUVENARGUES

¿Qué es un proyecto?

Un proyecto es un esfuerzo temporal, que se lleva a cabo para crear un producto, servicio o resultado único[29]. Las características son:

- Tienen un objetivo específico que debe ser logrado, dentro de ciertas especificaciones.

- Tienen una fecha de inicio y una fecha de finalización.

- Consumen recursos (dinero, materiales, equipos, recursos humanos).

- Tienen un presupuesto específico o limitaciones en el gasto e inversión.

La Gestión de Proyectos, a este nivel, busca el equilibrio entre las siguientes tres variables.

Figura 19. Equilibrio entre alcance, costo y tiempo.

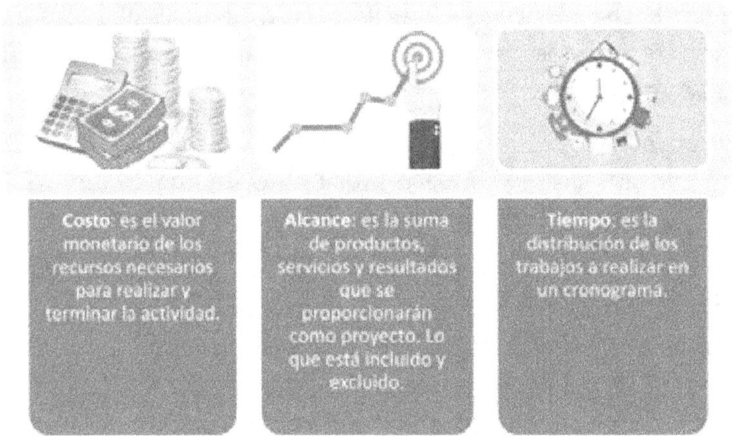

Fuente: Elaboración propia.

---

29 PMBOK 2012 – PMI

Algunos de los proyectos que se han finalizado más reconocidos del mundo son: La Muralla China, La Torre Eiffel, Las Pirámides de Egipto, El Empire State, El Canal de Panamá o Machu Picchu. De alguna forma, estas estructuras acreditan el desarrollo de las civilizaciones, el conocimiento y la cultura. Todos estos proyectos se han llevado a cabo no sin problemas (más costos, tiempos, demoras, etc.). Por eso, es sumamente importante la gestión adecuada de los proyectos y la gestión de los riesgos de los mismos.

Según el *Génesis*, uno de los libros más importantes de la Biblia, los hombres, hace ya miles de años, estaban construyendo la Torre de Babel (en hebreo bl-bl significa «balbuceo, confusión al expresarse algo»). Se cuenta que era edificada con el propósito de alcanzar el cielo. Son muchas las historias que giran en torno a esta monumental construcción[30].

Al principio de los tiempos, el planeta entero estaba conectado por una sola lengua y todos sus habitantes podían entenderse sin mayor dificultad.

El mito de la Torre de Babel reposa sobre una construcción real que pudo pertenecer a la antigua Babilonia. Los presuntos restos fueron hallados en 1913 por el arqueólogo Robert Koldewey. Según los estudios realizados, la Torre de Babel alcanzaba los 60 metros de altura y las 400 000 toneladas de peso. Fue levantada con millones de piezas hechas de adobe y ladrillo. Su estructura estaba compuesta de varias terrazas de gran tamaño, que ascendían a través de rampas hasta la cumbre final.

El proyecto fracasó y ante la arrogancia y la violencia que profesaron, Dios los castigó con la confusión del idioma. El dios de Noé (Yahveh), al observar la edificación, decide que los habitantes hablarán diferentes lenguas y así abandonarán la construcción, y se esparcieran por toda la Tierra.

Vemos cómo la aparición de un factor externo impidió continuar el proyecto: la falta de comunicación impidió que se siguiera realizando la obra; no se gestionó adecuadamente el riesgo de la finalización de la obra y la causa fue la no comunicación entre los hombres.

---

30 https://okdiario.com/curiosidades/lenguaje-torre-babel-1029959

Por otro lado, como oportunidad, se puede ver que se desarrolló el lenguaje en los diferentes idiomas, lo que dio lugar a naciones, pueblos e identidad cultural.

Volviendo a la gestión de proyectos, en resumen, es el proceso de aplicación de conocimientos, habilidades, herramientas y técnicas que se aplican para administrar, diseñar y orientar los esfuerzos dentro de un proyecto (sea cual sea, corporativo, civil, tecnológico o de cualquier índole), desde el inicio hasta el final, procurando cumplir los objetivos determinados.

Al iniciarse un proyecto, la certeza de completarlo con éxito puede ser baja y el riesgo de no cumplir con los objetivos es mayor. A medida que avanza el proyecto, si se hace de manera adecuada, se va reduciendo la incertidumbre. En caso de que el avance no sea el adecuado, seguramente afectará el costo y el tiempo asignado al proyecto.

En este sentido, es necesario contar con una metodología para la administración de proyectos, que permita reducir la incertidumbre en el logro de los objetivos, obteniendo beneficios como: objetivos claramente definidos e integrados, responsabilidades claramente asignadas, utilización de buenas técnicas de planificación y gestión adecuada de riesgos.

¿Qué es la gestión de riesgos en un proyecto?

En la etapa de planificación del proyecto, se debe establecer la estructura de este con los roles y responsabilidades de todas las personas involucradas en él: patrocinador, director, diversos comités, equipos, apoyos. Asimismo, se debe determinar el alcance, los entregables (hitos), las partes interesadas, el presupuesto, los recursos, las adquisiciones (compras) y el cronograma de trabajo (esta versión representa la línea base del proyecto), por medio de la elaboración de un acta de constitución del proyecto.

En cuanto a la gestión de los riesgos del proyecto, se deben identificar todos los riesgos (tecnológicos, técnicos, humanos, regulatorios, legales, etc.) que podrían dificultar el cumplimiento de los objetivos del proyecto conforme fue establecido (alcances, costos, tiempos, impactos en el medioambiente, pérdidas o daños). Para determinados riesgos es necesario establecer un plan de acción con las características que hemos presentado anteriormente (detallando: responsable, fechas, acción, motivos y documentación).

En la etapa de ejecución y control, debe haber una persona responsable de dar seguimiento a los diversos riesgos, identificando nuevos riesgos emergentes. Se debe gestionar los riesgos del proyecto, realizando las acciones específicas para disminuir la exposición y evaluando la efectividad de los controles planificados.

En la etapa de cierre de los proyectos, es necesario realizar un ejercicio de lecciones aprendidas en las cuales se recopilen todos los riesgos para incorporarlos en una base de datos de riesgos para otros proyectos.

Estos son algunos de los criterios que se pueden analizar para determinar el nivel de riesgos de un proyecto:

- Monto del proyecto.
- Duración estimada del mismo.
- Recursos que necesitará (áreas involucradas).
- Experiencia previa en proyectos similares.
- Dependencias o restricciones externas.
- Complejidad técnica.
- Compromisos asumidos.

Ahora tomaremos como ejemplo los riesgos de la implementación de un proyecto tecnológico en una organización. Definimos el objetivo como implementar en tiempo, forma y costo un aplicativo, que satisfaga las necesidades del negocio. Estos pueden ser algunos de los riesgos identificados:

- Como resultado de una carga de trabajo mayor a la capacidad de las dependencias involucradas, se podría dar la falta de oportunidad en la atención de tareas, lo cual pudiera producir atrasos en el proyecto.

- Como resultado de retrasos en la construcción de los procesos asociados al nuevo sistema, se podría no cumplir con las fechas acordadas para efectuar las pruebas, lo cual pudiera producir incumplimiento de las metas establecidas.

- Como resultado de recursos limitados, que no se puedan realizar evoluciones oportunas en preproducción, podría producir atrasos en la pruebas.

- Como resultado de causas imputables a la empresa contratada, baja calidad en las entregas o demoras podrían producir reprocesos que afecten los tiempos de prueba y baja calidad del sistema.

- Como resultado de falta de claridad en la definición de los requerimientos, los usuarios pueden identificar o solicitar cambios en el sistema, lo que pudiera producir retrasos significativos en el plan de trabajo.

- Como resultado de identificación tardía de requerimientos, pudiera necesitarse nuevos desarrollos y producir demoras en la implementación del mismo, o que no cumpla con las expectativas.

- Como resultado de una forma inadecuada de registro de los incidentes, que falte información o precisión en los problemas podría producir reprocesos en la atención y demoras al proyecto.

- Como resultado del limitado involucramiento o interés de los usuarios, se podría incurrir en la omisión de requerimientos técnicos o funcionales necesarios para atender eficientemente las exigencias del negocio.

- Como resultado de una mala identificación de las pruebas necesarias o resultados esperados de los mismos, se podrían realizar pruebas incompletas que no aseguren la funcionalidad requerida y afectar las necesidades del negocio.

- Como resultado de una mala planificación de las pruebas o resguardo de la información, se podrían realizar pruebas que dañen la información en los sistemas y afecten la información del negocio.

- Como resultado de que los ambientes de pruebas no sean consistentes, se podrían presentar errores adicionales en los cambios de ambiente, lo cual pudiera producir atrasos en la aceptación de los entregables y que se presenten incidentes en postproducción.

- Como resultado de incidentes una vez implementado el sistema, una limitada disponibilidad de recursos de técnicos podría ocurrir, lo cual pudiera producir atrasos en las tareas y solución de incidentes.

Gestión de riesgos de nuevos productos

No innovar es un riesgo (deja a la organización fuera de nuevas tendencias y de aumentar su valor). Por otro lado, innovar trae aparejado nuevos riesgos. Por eso, es necesario innovar gestionando los riesgos (identificar, evaluar, gestionar y controlar).

La innovación es un valor clave para crecer en el mercado y para crear un valor sostenible para la organización; sin embargo, tiene un alto grado de riesgo. Cada nuevo producto trae consigo una serie de riesgos que pueden afectar a la organización. El éxito de un producto depende del hecho de que el cliente lo acepte y lo valore; por ello, una organización tiene éxito en el desarrollo de un nuevo producto si consigue alinear sus intereses con las demandas del cliente.

El lanzamiento de productos defectuosos representa una gran preocupación para muchas organizaciones, ya que ocasionan altos costos financieros y puede afectar la imagen y reputación de la organización. Por lo anterior, es necesaria una gestión de riesgos de productos para reducir productos defectuosos, ineficientes o riesgosos en fases tempranas. Por supuesto, la gestión de riesgos para reducir productos defectuosos involucra la implementación de técnicas eficaces para lograr los objetivos propuestos. La meta de la gestión de riesgos de nuevos productos es implementar y diseñar productos acordes a las necesidades de los clientes y en donde se están cubriendo todos los riesgos involucrados, permitiendo a la organización cumplir con los objetivos planteados. A continuación, algunos ejemplos:

- Gestión del riesgo en la fase de diseño: la gestión del riesgo, en una etapa tan temprana como la de diseño, evita tener que solucionar problemas que, probablemente, involucren altos volúmenes de productos terminados con defectos.

- Gestión de riesgos del proveedor: en el caso que estén involucrados terceros o proveedores, se deben gestionar los mismos para asegurar que cumplan con los requisitos, calidad y tiempos requeridos. Es importante implementar procesos que mitiguen los riesgos que representan los proveedores.

- Hacer que la acción correctiva sea efectiva: generar informes que muestren la raíz de los problemas, mostrando tendencias que permitan implementar nuevos controles y monitorear la efectividad de los controles puestos en práctica.

- Aprovechar la retroalimentación del mercado: las quejas de los clientes y los comentarios sobre el producto en el mercado conforman un tesoro de información valioso que puede ser utilizada para la mejora continua de la calidad de los productos.

Tanto para el desarrollo de productos financieros como productos reales es necesario contar con un proceso de gestión de riesgos, tanto en el diseño como en el lanzamiento para asegurar que no haya riesgos ocultos, no medidos o situaciones que puedan comprometer el producto y la organización.

Los líderes en la gestión de riesgo deben colaborar con la organización en el diseño inicial del producto. El objetivo debe ser identificar un conjunto integral de atributos y comportamientos de los clientes.

Es fundamental la evaluación de los controles de riesgo en los procesos de desarrollo de productos. Asimismo, es necesario dar seguimiento a las acciones de los clientes para ajustar instantáneamente las características de los productos (por ejemplo: el precio o los términos y condiciones).

Adicionalmente, el proceso para el desarrollo de nuevos productos, inicio de actividades, puesta en marcha de procesos o sistemas, deberá incluir una adecuada identificación, evaluación y medición de los riesgos operativos inherentes en forma previa a su lanzamiento o presentación. En estos riesgos operativos incluimos: riesgos de no poder contabilizar las transacciones, riesgos que los sistemas no estén preparados, riegos de no poder saber el costo o utilidad de los productos, riesgo de no cumplir con normativas o leyes, riesgos de mercado o crédito asociados, entre otros.

Clasificación de riesgos de acuerdo a su tipología

Las organizaciones están expuestas a diversos tipos de riesgo de acuerdo a su giro de negocios. Los tipos de riesgos son de distinta naturaleza según cada entidad. En términos muy generales, los podemos agrupar en riesgos financieros (cuantificables) y riesgos no financieros (no cuantificables). A continuación, se presentan las categorías más relevantes de riesgos de acuerdo a su naturaleza:

- **Riesgo de crédito**: el riesgo de crédito es la posible pérdida que se asumiría como consecuencia del incumplimiento de las obligaciones contractuales de las contrapartes.

- **Riesgo de mercado o financiero**: el riesgo de mercado es el riesgo de que ocurra una pérdida de valor de los activos financieros ante movimientos adversos de los factores que determinan su precio (tasa de interés, tipos de cambios, liquidez o derivados). Incluye el riesgo de crédito de contrapartida, riesgo de balance, riesgo de tasa de interés, riesgo de liquidez, entre otros.

- **Riesgo operacional**: el riesgo operacional es el riesgo de pérdida resultante de una falla en los procesos, del personal, de los sistemas o de un acontecimiento externo.

- **Riesgo de interrupción**: el riesgo de interrupción es el riesgo de que un evento o una acción pueda afectar adversamente la operatividad de la organización, impactando en el logro de los objetivos de negocio, la ejecución de sus estrategias, la relación con clientes y contrapartes, credibilidad en el sector, pérdida de imagen, pérdida de información, etc.

- **Riesgo del talento humano**: riesgos asociados a la inadecuada gestión del personal de la organización por diversos factores (falta de capacitación, inadecuados perfiles, falta de competencias, incumplimientos, deterioro del clima laboral, renuncias, etc.).

- **Riesgo de tecnología de la información**: el riesgo tecnológico es el riesgo de pérdida potencial por daños, interrupción, alteración o fallas derivadas del uso o dependencia en el hardware, software, sistemas, aplicaciones, redes y/o de pérdida de la información.

- **Riesgo legal**: es el riesgo de pérdida por incumplimiento de las disposiciones legales y contractuales o la emisión de resoluciones judiciales desfavorables.

- **Riesgo de cumplimiento**: el riesgo de cumplimiento normativo se define como la posibilidad de incurrir en sanciones administrativas o regulatorias, pérdidas financieras o pérdidas de reputación por incumplimiento de leyes, regulaciones, impuestos, normas internas y códigos de conducta.

- **Riesgo de crimen financiero**: el riesgo de crimen financiero es la posibilidad de pérdida a la que está expuesta la organización en el caso de verse involucrada en operaciones vinculadas con el lavado de activos y financiamiento al terrorismo o financiamiento a contrapartes sancionadas, afectando su imagen y reputación.

- **Riesgos ambientales y sociales**: el riesgo social y ambiental se refiere al posible impacto ambiental y social, negativo, que podría generar la organización, inclusive los impactos que podrían generar los proyectos financiados por la organización.

CAPÍTULO VI.
TOMA DE DECISIONES Y ASPECTOS
RELACIONADOS CON EL RIESGO

Toma de decisiones

Diariamente, tomamos decisiones. Algunas de estas decisiones pueden ser menores: qué color de cepillo de dientes vamos a comprar o qué vamos a comer hoy o qué canal de televisión vamos a mirar; otras pueden tener más implicaciones: qué automóvil vamos a comprar; y otras son más complejas: cuándo nos vamos a casar o qué trabajo tomaremos. Para algunas decisiones tenemos más práctica (que gusto de helado pedir), mientras que para otras decisiones apenas las tomamos un puñado de veces en la vida (con quien casarse o cuando mudarse de ciudad).

De acuerdo al estudio *Malos movimientos: cómo va mal la toma de decisiones y la ética de las drogas inteligentes* de Sahakian & Labuzetta (2013)[31], los adultos tomamos casi 35 000 decisiones cada día, a diferencia de un menor que toma 3 000 decisiones y, aunque parezca increíble, tomamos más de 200 decisiones relacionadas con la comida por día.

Por mencionar algunas, estas son las decisiones que tomamos durante nuestras vidas:

- Qué comer
- Qué ponerse de vestimenta
- Qué comprar
- En qué creer
- Qué trabajo tomar
- Qué estudiar
- Qué leer
- A quién votar

---

31 https://go.roberts.edu/leadingedge/the-great-choices-of-strategic-leaders

- En qué pasó el tiempo

- Qué pasatiempo o deporte practicar

- Con quién juntarse

- Con quién salir y casarse. Cuándo.

- Tener hijos

- Dónde vivir

- Cómo educar a los hijos

Como dijimos, algunas de estas decisiones son más sencillas, es decir, casi no tienen un costo y tienen mínimo riesgo asociado (entendido como un impacto o consecuencia que pudiera tener una mala decisión). Por otro lado, algunas de las decisiones, tienen un costo económico alto, nos llevan más tiempo de análisis y podrían tener un riesgo alto (son aquellas consecuencias grandes si la decisión es inadecuada).

Estas decisiones que tomamos generan consecuencias buenas y malas. Al momento de decidir, no sabemos qué pasará en el futuro y cuál será el resultado de nuestra decisión. Como estamos hablando de la incertidumbre del futuro, estamos hablando de un riesgo.

Asimismo, cuando tomamos una decisión, generalmente, no contamos con toda la información necesaria. De manera frecuente, la calidad de nuestra decisión (minimizar las consecuencias negativas y maximizar las consecuencias positivas) mejorará con la cantidad y calidad de la información con la que contemos. Sin embargo, esta información es difícil de obtener, cuesta esfuerzo, tiempo y dinero, es complicada de mantener y de almacenar.

Por otra parte, los seres humanos tenemos diferentes estilos para tomar decisiones:

- **Impulsivos:** personas que consideran mayormente su primera opción y se quedan con ella.

- **Complacientes:** personas que toman la decisión más placentera y popular (considerando la mayoría de los que pudieran estar impactados).

- **Evitadores:** personas que evitan tomar la mayoría de las decisiones que podrían tener algún impacto.

- **Delegadores:** personas que delegan: deciden delegar sus decisiones a otras personas en las que confían.

- **Balanceados:** personas que consideran todas las aristas y procuran tomar la mejor decisión en el mejor momento.

- **Reflexivos:** personas que utilizan mucho tiempo en reflexión procurando mejor la calidad de su decisión.

- **Priorizadores:** personas que ponen su energía en las decisiones que tienen un mayor impacto.

En algunas circunstancias, probablemente, utilicemos diferentes enfoques para diferentes situaciones y distintas decisiones. Aunque, mantendremos un estilo particular.

Nuestras decisiones normalmente conllevan:

- **Incertidumbre:** no sabemos qué va a pasar en el futuro.

- **Alternativas:** generalmente, la decisión dependerá de las alternativas que existan o identifiquemos.

- **Costos:** identificar los costos directos e indirectos de la decisión.

- **Complejidad:** si llegamos a comprender los diferentes aspectos que conlleva la decisión.

- **Emoción:** si conseguimos separar lo emocional de lo racional para tomar la decisión.

- **Personas involucradas:** pensar en cuántas personas podrían verse afectadas por la decisión.

- **Riesgos:** qué riesgos, consecuencias o impactos podría tener cada decisión.

En la teoría, nuestras decisiones cotidianas deberían estar basadas en la racionalidad, probabilidades, riesgos y consecuencias. Sin embargo, esto no siempre es el caso. Muchas veces llegamos a tomar decisiones que son irracionales. Veámoslo con los siguientes ejemplos:

Supongamos que tenemos dos alternativas.

- **Alternativa A:** ganamos $1 000 con un 100 % de probabilidad (sin riesgo).

- **Alternativa B:** nos dan dos opciones, si sale cara, ganamos $2 000; si sale cruz, no ganamos nada.

¿Con qué alternativa nos quedamos? ¿La segura o la arriesgada? Si somos como la mayoría de la gente (más de 3/4) elegiremos la alternativa A (segura): preferimos la seguridad de la plata en mano.

Ahora veamos otro escenario. En este caso, debemos pagar una deuda.

- **Alternativa A:** pagamos $1 000.

- **Alternativa B:** nos dan dos opciones, si sale cara, pagamos $2 000; si sale cruz, no pagamos nada.

¿Qué opción elegirías en este caso? Seguramente elijamos lo mismo que la mayoría de las personas (casi 70%); es decir, la alternativa B. ¿Estarán bien nuestras decisiones?

Sin entrar mucho en las matemáticas, las decisiones son inconsistentes entre sí. Utilizamos lo emocional para tomar esas decisiones y dejamos de lado lo puramente racional.

En el primer ejemplo, la utilidad esperada de ambas alternativas es la misma ($1 000); con lo cual, son alternativas con igual valor. En el segundo ejemplo, la pérdida esperada también es similar ($1 000). Incluso, si cambiáramos el pago de la alternativa B, en el primer caso, a $2 001, haciéndola más "rentable", seguramente mantengamos la elección de la alternativa A. Asimismo, si empeoráramos la alternativa B en el segundo ejemplo (a que con la cara pagaremos $2 001) seguiríamos eligiendo esta alternativa. En ambos casos, a pesar de que son peores opciones racionalmente.

En general, somos malos al estimar probabilidades de ganar y perder. Sobreestimamos la probabilidad de ganar y subestimamos la probabilidad de perder. Preferimos una pequeña ganancia segura que una gran ganancia posible. Pero, por otro lado, no nos gusta una pequeña pérdida segura y preferimos una posible gran pérdida. Con una pérdida, estamos más dispuestos a asumir más riesgo.

Subestimamos la probabilidad de perder cuando pensamos que no nos puede pasar a nosotros: "A mí no me va a agarrar el coronavirus"; "a mí no me va a pasar nada si fumo"; "a mí no me va a pasar nada si no uso el casco o voy más rápido".

Sobreestimamos la probabilidad de ganar cuando creemos que ganaremos la lotería o que sabemos lo que pasará en el futuro y vamos a apostar.

Por otro lado, en nuestras inversiones odiamos tomar pérdidas, porque significa admitir que fue un error. Nuestro ego no nos permite admitir que nos equivocamos y nuestra aversión a las pérdidas nos lleva por mal camino. Nos sigue haciendo arriesgar más y más, a pesar de que habría que tomar la decisión con la nueva información.

A estos efectos, Ben Carson (2009) en su libro *Corre el riesgo,* presenta una serie de preguntas que deberíamos realizarnos cada vez que tomamos una decisión.

- ¿Qué es lo mejor que puede pasar si hago esto?
- ¿Qué es lo peor que puede pasar si hago esto?
- ¿Qué es lo mejor que puede pasar si no hago esto?
- ¿Qué es lo peor que puede pasar si no hago esto?

Jugarse el pellejo

Nassim Nicholas Taleb en su libro *Jugarse el pellejo (Skin in the Game),* afirma que es fundamental que las personas que toman decisiones tengan exposición al mundo real y tomen el riesgo de sus decisiones (precio por sus consecuencias, sean buenas o malas). Presenta que es central la cuestión de los incentivos: cuando alguien toma decisiones y no está expuesto a los resultados de dichas decisiones, no tendrá incentivos para tomar la decisión correcta.

Su argumento central es que quien tome una decisión disfrute de los beneficios si dicha decisión resultara exitosa, pero que también asuma las consecuencias si la decisión resultara con consecuencias negativas. Dicho de otro modo, debe existir simetría en la toma de riesgos: quien decide debe estar igualmente expuesto a los beneficios como a los costes de su decisión.

Taleb presenta como ejemplo central de lo que para él no se debería permitir y lo denomina la operación Bob Rubin ("Bob Rubin trade"). Este fue un antiguo Secretario del Tesoro de EE.UU. que durante la década anterior a la crisis subprime (2008) cobró más de 120 millones de dólares como alto directivo de Citigroup por los cuantiosos beneficios cosechados por el banco. Sin embargo, cuando llegó la crisis y quedó de manifiesto que el banco, que había asumido enormes riesgos, era insolvente, fue rescatado con cargo al contribuyente. Robert Rubin, en buena parte responsable de la situación, alegó que esta había sido imposible de prever y por supuesto no tuvo que devolver el dinero. Dice Taleb: "Si sale cara, ganas; si sale cruz, apelas al cisne negro".

Otros ejemplos que presenta Taleb son los políticos y burócratas. Estos son, en general, ejemplos claros de personas que viven tomando decisiones que tienen enormes consecuencias para otras personas mientras no sufren los riesgos y/o costos de las mismas. Un claro ejemplo es el de un político que decide tomar más deuda para crecer y mostrar mayor nivel de PBI; pero deja a su sucesor (y a la sociedad) una deuda difícil de pagar[32].

Estas personas que no están expuestas a los riesgos o consecuencias de sus actos les falta un necesario e imprescindible mecanismo de retroalimentación (*feedback*); por ello, tienden a ver la realidad como les gustaría en lugar de como es: suelen defender ideas equivocadas. Y es así pues que no sufren el lado negativo de las decisiones[33].

En este sentido, su recomendación es que nunca se le crea a una persona que no se juega el pellejo en la decisión; es decir, que no se le crea a una persona que recomiende o decida sin que tenga simetría su decisión y sea alcanzado por los costos de la misma.

Por otra parte, presenta algunos ejemplos en los que las personas que toman decisiones son afectadas por los costos de estas: un piloto de avión, el capitán de un barco, un experto con el que me tiro en tándem en paracaídas, etc. En todas estas situaciones, la persona res-

---

32 https://medium.com/incerto/what-do-i-mean-by-skin-in-the-game-my-own-version- cc858dc73260

33 https://www.juandemariana.org/ijm-actualidad/analisis-diario/skin-game-la-importan- cia-de-jugarse-el-pellejo

ponsable sufrirá las consecuencias de sus decisiones o mala gestión y estas actúan como un mecanismo de gestión de riesgos adecuado. No tiene los incentivos para tomar malas decisiones.

Otros ejemplos en donde se puede apreciar esto son: restaurantes, plomeros, electricistas o peluqueros. Ellos aprenden de sus errores ya que viven de la opinión de sus clientes. Los restaurantes continúan operando, no porque los otros restaurantes opinen sobre cómo cocinan, sino porque los clientes siguen yendo. Son los clientes quienes determinan quiénes siguen operando y quiénes cierran.

Diferente es el caso de los economistas, periodistas u "opinólogos" que solo hablan de cómo deberían ser las cosas. Opinar es muy sencillo. No sufrirán las consecuencias de las recomendaciones o de lo que dicen.

Este argumento principal de Taleb se debe balancear con lo que podría ser un conflicto de interés o imparcialidad al recibir una recomendación de alguien que se juega el pellejo en la decisión[34].

¿Cómo influye la psicología en el riesgo?

En general, la psicología trata de explicar nuestras acciones y cómo respondemos a situaciones de crisis o de estrés. La teoría destaca que el no tener entrenamiento, capacitación y experiencia en el manejo de riesgos y crisis causa errores en nuestras decisiones en tiempos de incertidumbre y estrés.

La psicología del riesgo es el estudio del proceso mental para responder a situaciones de riesgo, cómo identificamos esos riesgos, cómo los evaluamos, cómo valoramos los impactos y consecuencias. El contar con métodos o procesos adecuados puede ayudar a los individuos a tener un mejor juicio, tomar mejores decisiones y gestionar mejor el riesgo.

Nuestra psicología juega un gran papel en el manejo de los riesgos, especialmente, en situaciones de crisis. Recuerdo la siguiente anécdota: una persona estaba de visita en una empresa en Estados Unidos, de repente comenzó a sonar una alarma, pero nadie se mo-

---

34 https://www.ft.com/content/704ee604-1561-11e8-9e9c-25c814761640

vía. Resultó que la persona encargada de dar la orden para evacuar el piso, se quedó paralizada con la alarma y no reaccionó.

Muchas de las decisiones que tomamos en situaciones de estrés o crisis no son las adecuadas o directamente son malas. Por ejemplo, durante el accidente nuclear en la planta Fukushima, tanto las autoridades del gobierno de Japón como los oficiales de TEPCO (Tokio Electric Power Company) fueron incapaces de tomar las decisiones para detener las fugas de radiación a medida que la situación en la planta empeoraba en los días y semanas posteriores al desastre.

Es por eso que incluir el aspecto de la psicología humana en la toma de decisiones, especialmente, en situaciones de crisis es imprescindible. Estar preparados para el manejo de una situación inesperada puede hacer mucha diferencia. Es como ejercitar un músculo y nos permitirá una mejor respuesta en el momento que se necesite.

Es sabido que en situaciones de estrés, sube la presión sanguínea, disminuye la habilidad cognitiva y afecta a la habilidad de tomar decisiones; por esto, se pueden producir ciertas respuestas inadecuadas. Un ejemplo, es la tendencia a mantener una primera decisión, aun en casos en los que se presente nueva información que evidencia un mejor curso de acción; otra respuesta inadecuada puede ser dejar de mirar globalmente y enfocarse en detalles menores o menos importantes o hacer lo que hace la manada (decisiones basadas en lo que piensa el grupo y no en la objetividad). Por ello, es necesario estar familiarizado con estas situaciones, para poder tomar las mejores decisiones cuando sea necesario y nuestras habilidades estén diezmadas.

Toma de riesgos

¿Qué riesgos debemos tomar? ¿Qué riesgos debemos evitar o gestionar?

¿Qué información es relevante para tomar esa decisión? ¿Cuál es nuestro nivel de confianza sobre lo que pasará en el futuro? ¿Debemos introducir el concepto de gestión sobre el tratamiento de ese riesgo?

Cuando hay incertidumbre, las mejores herramientas para la gestión son la racionalidad y la medición. Ambas son esenciales para tomar una mejor decisión.

De acuerdo a la RAE, incertidumbre es la falta de certidumbre (falta de certeza, falta de algo seguro y claro).

Por eso, tener la capacidad de racionalizar nuestras decisiones y procesar la información de manera objetiva es fundamental. No debemos tener ninguna inclinación terca.

Hay un sin número de ocasiones en que invocamos a la suerte para explicar ciertas cuestiones. Pero, en realidad, lo que hacemos es separar el evento con sus causas. Cuando le decimos a alguien que falló que fue producto de la mala suerte, lo eximimos de la responsabilidad por lo que pasó o por las decisiones que tomó. Por otro lado, cuando decimos que a alguien le fue bien y que fue producto de la suerte, le negamos el crédito que merecería por su esfuerzo o sus decisiones.

Cuando tomamos decisiones, estamos apostando a un resultado que resultará de la decisión que tomamos, a pesar de que nos sabemos a ciencia cierta cuál será el resultado. La esencia de la gestión de riesgos es maximizar el área en la cual tenemos algún control sobre el resultado, mientras que minimizamos el área en la cual no tenemos ningún control sobre el resultado o no conocemos claramente la relación que hay entre la causa y el efecto.

Es por ello que para mejorar nuestra capacidad de manejar la incertidumbre debemos buscar formas de medirla de alguna manera. La información hará que mejoremos nuestra capacidad de ver alternativas, probabilidades y mejoremos nuestra decisión (y resultado).

Teoría de la contabilidad mental

De acuerdo con la teoría de la contabilidad mental, las personas tratan el dinero de manera diferente, dependiendo de factores como: su origen, en lugar de pensarlo en términos de "resultado final" como en la contabilidad formal. Esta teoría fue creada por el estadounidense Richard H. Thaler, ganador del premio Nobel de Economía 2017, e indica que tomamos decisiones creando cuentas diferentes en la mente que nos engañan y nos pueden hacer tomar decisiones equivocadas.

Según la teoría de la contabilidad mental, $3 000 son $3 000, independientemente de su procedencia. Los $3 000 procedentes del trabajo tienen el mismo valor que $3 000 procedentes de un premio de lotería o un reembolso impositivo. Sin embargo, ocurre algo muy llamativo: nos cuesta menos esfuerzo gastar los $3 000 de la lotería que los $3 000 que hemos ganado con el sudor de nuestra frente; es decir, gastamos más rápidamente los $3 000 de la lotería o del reembolso fiscal. Esto ocurre porque nuestra mente nos engaña para hacernos creer que el primer dinero tiene menos valor que el segundo. Esto es la trampa de la contabilidad mental.

En contraposición, el dinero es fungible; todo el dinero es intercambiable y no tiene etiquetas. Cuando usamos la contabilidad mental, las personas tratan los activos como menos fungibles de lo que realmente son (los mantenemos en casillas o bolsillos diferentes). Por ello, cuando los inversores tienen una ganancia "especulativa" o proveniente de otra fuente que de su trabajo, tienden a tomar decisiones que involucran un mayor nivel de riesgos del aconsejable. Lo hacen porque toman decisiones utilizando cuentas mentales de forma diferenciada, perdiendo la visión global del riesgo.

El efecto del costo hundido

El efecto del costo hundido se refiere al hallazgo de que las personas tienden a dejar que sus decisiones se vean influidas por los costos realizados en el pasado. Algunos ejemplos de este efecto sería dejar ropa sin usar en el vestidor por el solo motivo de que gastamos mucho o que mantenemos los planes para ir a un evento a pesar de ciertas dificultades, solo porque ya compramos los boletos. Esto quiere decir que continuamos consumiendo o siguiendo una alternativa solo porque tenemos gastado recursos en la misma.

La realidad es que la plata que ya gastamos, ya está gastada y no hay nada que podamos hacer con ella. Deberíamos considerar las alternativas a partir del momento presente independientemente del gasto realizado.

En el caso del costo hundido usualmente nos lleva a tomar más riesgos en ciertas decisiones de los que deberíamos tomar o asumir si no hubiéramos hecho esos gastos. Este hallazgo parece estar en conflicto con la teoría económica clásica que indica que solo los costos y beneficios incrementales deberían afectar las decisiones.

El efecto del costo hundido induce un "marco de pérdida", lo que en consecuencia lleva a un comportamiento de búsqueda de mayor riesgo del que se debería asumir.

Veamos un ejemplo: supongamos que gastamos $200 en un viaje de snowboard a Las Leñas. Más adelante, encontramos una oferta y adquirimos un viaje a Bariloche por $100. Nos damos cuenta de que las dos fechas coinciden y no hay reembolso por los paquetes. La nieve en Bariloche es mejor y mejorará la experiencia. ¿Asistirías al viaje "bueno" de $200 o al mejor viaje de $100? La mayoría de las personas elegiría el viaje a Las Leñas (más caro) porque la pérdida parece mayor. La falacia del costo hundido impide darse cuenta de cuál es la mejor opción y le hace poner mayor énfasis en la pérdida de dinero irrecuperable (nos hace seleccionar ir a Las Leñas). Por eso, cuando hemos gastado plata o tenido una pérdida, tendemos a tomar más riesgo que el requerido con la esperanza de recuperar esa pérdida.

La mejor decisión, dice Robert Leahy, es cuando nuestro modelo de decisiones está basado en la utilidad futura o flujos futuros.

El futuro turista

Visitar nuevos lugares es apasionante porque proporciona contacto con experiencias, conocimientos o situaciones desconocidas, diferentes o fuera de lo común. Uno sale de su rutina y se predispone a algo nuevo. Este aspecto de novedad también genera ansiedad. Al escoger un viaje (o destino), el futuro turista se enfrenta al conflicto entre la seducción y el temor a lo desconocido o que esta fuera de su entorno cotidiano.

En ese sentido, la percepción de riesgo y el apetito de riesgo cobran relevancia a la hora de realizar la elección del destino o viaje. La idea de riesgo, en ese contexto, está relacionada con las probabilidades cognitivas de sufrir daños parciales o totales, o de experimentar consecuencias negativas inesperadas (robos, accidentes, entre otros). En cuanto a las consecuencias positivas del riesgo (oportunidades) podríamos señalar una ganancia en un casino, encontrar un novio o una amistad[35].

El objetivo del turista será transcurrir el viaje cumpliendo cualquiera que sea su objetivo final (descanso, adrenalina, sol, playa, cultura, diversión, deportes, etc.) sin sufrir pérdidas, daños o consecuencias inesperadas.

Un futuro turista puede percibir riesgos aunque no los haya experimentado antes o puede valorar riesgos con una mayor probabilidad de ocurrencia o mayor impacto a lo real y esa percepción va a influir su comportamiento (lo lleva a ser más conservador en su elección). Por otro lado, otro futuro turista puede no identificar un riesgo real (si existen y tienen probabilidad de ocurrencia y tendrá un impacto) y lo llevará a tomar mayor exposición del que su apetito de riesgo le indicaría.

Este contexto nos podría llevar a identificar algunos riesgos que pudiera afrontar el turista (y los controles que podría establecer para mitigar las eventuales causas del riesgo), veamos algunos de ellos[36][37]:

- **Selección inadecuada o insuficiente indagación acerca del destino:** determinación del objetivo final del viaje, análisis de la seguridad, revisión de las calificaciones, comodidades.

- **Contratación incorrecta del proveedor:** adquisición del paquete (aéreo, alojamiento, paquetes, eventos) a través de una reconocida empresa o directamente con el proveedor. Análisis de las finanzas de la contraparte (sé que es algo difícil de hacer, pero no deja de ser el mejor control, ya que estamos asumiendo riesgo crediticio y operacional con la contraparte).

- **Imposibilidad de realizar las actividades planeadas debido al clima:** revisión del clima en el destino para las fechas estimadas de viaje.

---

35 https://www.estudiosenturismo.com.ar/PDF/V20/N05/v20n5a07.pdf
36 https://www.novo-monde.com/en/prevent-risks-of-traveling/
37 https://www.travelinsurancereview.net/beginners-guide/risks/

- **Contraer una enfermedad:** verificar el sistema de salud del destino, qué enfermedades son las más comunes, tener un seguro médico adecuado, tomar agua mineral y usar repelente.

- **Sufrir un accidente:** realizar actividades conscientes del riesgo que se asumirá, evitar actividades que podrían ocasionar un daño o lesión y contar con un seguro adecuado. Tener a mano números de teléfono de contacto necesarios.

- **Gasto en exceso:** inicialmente, estimar el gasto del viaje y dar seguimiento durante el mismo para asegurar que no sea superior a nuestra capacidad o deseo.

- **Falta de liquidez o moneda:** realizar el análisis correspondiente sobre la mejor alternativa para disponer de la moneda local o los medios para acceder a la misma (efectivo, cambio de moneda antes de salir, cambio en casas de cambio, uso de la tarjeta de crédito), sin pagar los costos de los intermediarios o casas de cambio que tienen diferenciales de precios altísimos.

- **Compras en exceso (esto puede acarrear el riesgo del espacio en las maletas para el regreso más el eventual control aduanero para el pago de impuestos):** asegurar que uno cuenta con espacio disponible para regresar con las compras, adquirir las maletas que hagan falta y estar dispuesto a pagar los costos que pudiera cobrar la aerolínea y la aduana.

- **Ser víctima de un robo o incidente de seguridad:** verificar siempre los lugares a los cuales se asistirá, los horarios y asegurar adecuados medios de transporte de acuerdo a cada destino. Evitar contar con dinero que pueda ser percibido por terceros. Contar con un seguro de equipaje.

- **Sufrir daños en el cuerpo:** uso de elementos adecuados de acuerdo a las actividades a realizar (especialmente, zapatos o zapatillas), asistir a lugares adecuados y comer comida acorde a las actividades a realizar.

Con la gestión adecuada de los riesgos buscamos proteger las finanzas, la salud y la seguridad.

Riesgos que no valen la pena asumir

Cuando nos enfrentamos a una decisión, es porque hay alternativas. Si no hubiera alternativas, no estaríamos hablando de una decisión. Al haber alternativas, debemos considerar los beneficios y riesgos (costos de las diferentes alternativas). Por lo general, tenderemos a arriesgar más en nuestras decisiones cuando los beneficios sean mayores, más concretos y los riesgos y costos menores. Veámoslo en una fórmula:

> Alternativa A =
>
> f (Probabilidad * Beneficios) – Costos - f (Probabilidad * Riesgos)

> Alternativa B =
> f (Probabilidad * Beneficios) – Costos - f (Probabilidad * Riesgos)

Vamos a favorecer la alternativa que tenga mayores beneficios, que sean más certeros, que tenga un menor costo asociado y que su riesgo (impacto negativo) sea menor.

En este sentido, vamos a elegir la alternativa más arriesgada en la medida que los beneficios de esta sean muy superiores a la otra alternativa y que sus beneficios sean sumamente probables (sin incertidumbre). A medida que los beneficios empiezan a ser menos palpables o proporcionalmente cercanos a otra opción más segura, pasaremos a elegir dicha.

Veámoslo con un ejemplo cotidiano. Supongamos que tenemos que ir desde Buenos Aires a Necochea y que podemos utilizar dos rutas alternativas. La primera es tomando la ruta 2 y pasando por Chascomús y Coronel Vidal. La segunda alternativa es ir por la ruta 3 pasando por Cañuelas y General Belgrano.

- **Análisis de la alternativa A:** este camino es más corto, ya que son 522 kilómetros. Google Maps nos muestra que tardaríamos 5 horas y 45 minutos. Asumiendo que gastamos 12 kilómetros por cada litro de nafta, el costo de la nafta sería 43 litros (a $60 por litro). Además hay 2 peajes. El camino está en peores condiciones y hay tres puestos policiales que tienden a detener vehículos (la probabilidad de ser detenido durante una hora es del 50%, más un eventual costo económico de $1 000 por no llevar extinguidor).

- **Análisis de la alternativa B:** este camino es más largo ya que son 540 kilómetros. Google Maps nos muestra que tardaríamos 6 horas y 5 minutos. Asumiendo que gastamos 12 kilómetros por cada litro de nafta, el costo de nafta sería 45 litros (a $60 por litro). También hay 2 peajes. El camino está en mejores condiciones y no hay puestos policiales.

$$\text{Alternativa A} = f\,(0{,}50 * 5{:}45\text{hs}) - 43\text{ lts} - f\,(0{,}50 * + 1{:}00\text{ hs} + 50\% * \$1\,000)$$

$$\text{Alternativa B} = f\,(1{,}0 * 6{:}05\text{hs}) - 45\text{ lts}$$

En promedio, la ruta A nos demandará 6:15 horas (50% de las veces tardaríamos 5:45 h y el otro 50% de las veces tardaríamos 6:45 h). El costo de esta alternativa es de $3 080 ($2 580 de nafta + $500 de eventuales multas (50% de las veces sin multas y 50% con multa de $500)).

En promedio, la ruta B nos demandará 6:05 horas y el costo de esta alternativa es de $2 700.

Vemos entonces que la alternativa B es mejor en cuanto a su tiempo estimado y costo económico. No es conveniente asumir el riesgo de tomar   la alternativa A, a pesar de que el tiempo estimado al inicio es menor. Solo a medida que bajen las probabilidades de que la policía nos detenga y haga más probable un menor tiempo y costo, se podría elegir la alternativa B. Asimismo, debería incluirse la probabilidad de rotura de un neumático por las condiciones de la ruta.

Para explicar un riesgo que no vale la pena asumir, utilizaremos otro ejemplo, pero esta vez del deporte. En el 2018, Jorge Lorenzo (motociclista de Moto GP) se cayó en la carrera de Aragón y sufrió una fisura en la parte final del radio izquierdo. A las dos semanas de ese accidente, se corría el Gran Premio de Tailandia. Lorenzo tomó la decisión de no subirse a la moto y no correr ese Gran Premio. El español declaró: "No vale la pena correr riesgos. Ya dije ayer que las posibilidades de que probara de correr eran muy bajas, pero todavía lo fueron más cuando las radiografías que me hicieron en el Hospital de Buriram desvelaron que me había hecho una fisura en la parte final del radio izquierdo. Llevaré esta protección el mayor tiempo posible para acelerar la recuperación y así llegar de la mejor forma que pueda a Japón, dentro de dos semanas. Allí no estaré al 100% y es una pena, porque Motegi es una de mis pistas favoritas, pero dada la situación en el campeonato no tiene sentido exponerme a empeorar las cosas".

Entonces, el beneficio era mínimo (Lorenzo estaba lejos en el campeonato) y el riesgo de sufrir una lesión mayor era considerable. No valía la pena tomar el riesgo considerando las circunstancias.

El efecto dotación

Existe evidencia acerca del papel del efecto dotación (llamado *endowment effect*, en inglés) en la toma y gestión de riesgo. Este efecto se da especialmente en los emprendedores. Se refiere a que las personas tendemos a valorar más nuestros bienes que bienes exactamente iguales que no poseemos; es decir, las personas atribuimos más valor a las cosas únicamente por el hecho de poseerlas. Esta sobrevaloración del bien se debe a la aversión a la pérdida que siente la persona.

Un ejemplo del efecto de dotación fue presentado por Ziv Carmon y Dan Ariely. Ellos demostraron que ciertas personas que habían adquirido entradas finales al torneo de la NCAA solo estaban dispuestas a venderlas a un precio que era 14 veces mayor que su precio de compra hipotético[38].

En un experimento de Jack Knetsch, se pidió a dos grupos de estudiantes rellenar un cuestionario, siendo recompensados con un obsequio que tuvieron delante mientras duró el cuestionario. En una sesión, el premio fue una taza y en otra, una tableta de chocolate suizo. Al terminar la clase, el experimentador mostró el obsequio alternativo y permitió a todo el mundo intercambiar el suyo por el de otro. Solo un 10% de los participantes optaron por cambiar su obsequio. La mayoría de los que habían recibido la taza se quedaron con ella y

---

38 https://scielo.conicyt.cl/pdf/ede/v45n2/0304-2758-ede-45-2-00231.pdf

los que habían recibido el chocolate tampoco cedieron. Lo racional es que todos hubieran optado por el bien de mayor valor.

Este efecto dotación influye en nuestra toma de decisiones y nos lleva a tomar decisiones que a veces no son del todo racionales, especialmente nos lleva a asumir mayores riesgos.

Este efecto lo podemos ver cuando el potencial de perder sus empresas lleva a los dueños y empresarios a asumir mayores riesgos.

De acuerdo a un estudio de Isabela Echeverry Peñón y Santiago Reyes Ortega (2018) *El efecto dotación sobre los emprendedores: un vínculo arriesgado*, los emprendedores son más propensos a aceptar apuestas más arriesgadas cuando estas están relacionadas con la posesión de sus compañías (mantiene más sus compañías a pesar de que tengan rendimientos negativos) o desestiman potenciales inversores que quieren sumarse a su empresa cuando es exitosa. Es decir, los emprendedores toman mayores riesgos que la gente en general, cuando se trata de sus empresas. En este sentido, tienen una sobreconfianza en su situación, llevándolos a sobreestimar la probabilidad de éxito.

En conclusión, el precio al que estamos dispuesto a vender un objeto siempre es mayor al precio que estamos dispuestos a pagar por un objeto similar.

Decisiones colectivas

Ciertas decisiones pueden ser muy complejas y controversiales. En ciertas ocasiones, se puede dedicar tiempo y análisis para tomar una mejor determinación. En cambio, en otras decisiones se falla sistemáticamente en analizar los riesgos involucrados. En general, para estas decisiones, la incertidumbre que involucra a la resolución es muy grande y no hay información o no se pueden valorar los riesgos.

Asimismo, hay ciertas decisiones que se toman colectivamente o en conjunto. La premisa de esta toma de decisiones colectivas es que "cuatro ojos pueden ver mejor que dos". Se procura así que diferentes visiones se complementen para tomar la mejor determinación y gestionar de mejor manera el riesgo o incertidumbre involucrados.

En el ámbito organizacional, hay diversas instancias en las que un grupo de personas es convocado para analizar un tema y tomar una decisión (comité, directorio, asamblea, etc.). En este caso, se debe procurar que todos los involucrados en la decisión tengan la misma (o similar) capacidad para pensar en términos de beneficios y riesgos, y conocer el apetito de riesgo de la organización para mejorar la resolución. En el caso de una organización, tiende a haber lineamientos comunes que procuran lo anterior.

En el caso de las decisiones más colectivas, no siempre es así. Pensemos una elección democrática como una decisión. Difícilmente las personas que van a tomar esa determinación tengan esa visión común sobre el análisis y evaluación del riesgo, y la información adecuada para mejorar o tomar una decisión adecuada. El juicio, el tiempo dedicado o el esfuerzo de análisis difieren en cada persona.

Difícilmente, el voto sea el resultado del cálculo racional y de un razonamiento de ventajas, desventajas, beneficios y riesgos que se corren al tomar una determinada decisión[39].

Muchas veces, durante las campañas electorales, se les plantea a los votantes el miedo o el riesgo de la "otra alternativa" o pregonan que "de llegar los adversarios al poder se perderá o pondrán en riesgo la estabilidad, la paz, el progreso, el bienestar, el futuro, la seguridad, los valores y los logros al canzados por los ciudadanos, por lo que se les convoca a sufragar para evitar el riesgo o para detener la posible calamidad que vendrá en el futuro y que lo representan sus opositores". Se argumenta además que: "Un triunfo de la oposición llevará a la nación al caos, el desastre y a una crisis por su inexperiencia para gobernar". Así es como muchas veces, los ciudadanos votan con el miedo o el riesgo de la innovación y prefieren el statu quo.

La juventud y la toma de decisiones

Durante la adolescencia y la juventud existen factores de riesgos, dificultades, amenazas y vulnerabilidades que podrían afectar a los

---

39 Understanding Risk: Informing Decisions in a Democratic Society (1996). National Research Council. Disponible en: https://www.nap.edu/read/5138/chapter/2#3

jóvenes (tomando un rango de 15 a 25 años). Sus decisiones pueden ser más o menos riesgosas y exponerlos a diversos peligros dependiendo de la influencia del contexto social, familiar y escolar.

Las investigaciones concluyen que los adolescentes y jóvenes tienden a tomar más riesgo o tomar decisiones que los expondrá a riesgos y mayores consecuencias, que dependen de su capital social. A mayor capital social, menor riesgo de sus decisiones. Veamos cómo está compuesto el capital social de un joven.

Figura 20. Capital social de un joven

Fuente: Elaboración propia.

Así, la juventud puede tomar diferentes alternativas de acuerdo a su capital social y exponerse a un mayor o menor nivel de riesgo, con las consecuencias que luego podría tener. Por un lado, pueden decidir ser una persona prudente, tomando decisiones racionales y generalmente correctas, midiendo los beneficios y costos (riesgos) de las mismas. Por otro lado, pueden tomar como alternativa a la persona apostadora, quien toma decisiones más riesgosas, incluso, contra las probabilidades, que son más irracionales e imprudentes[40][41].

Entonces, ese capital social juega un rol central en la habilidad de los jóvenes para poder sortear esa etapa en la cual se enfrentan con una variedad y cantidad de decisiones de riesgo. Estos deben tener una capacidadadecuada y los recursos necesarios para poder enfrentar, manejar, obtener información, valorar los riesgos para poder tomar las decisiones y sortear esos riesgos.

Entre los impactos o consecuencias de sus decisiones, podemos señalar: embarazos y partos precoces, deterioro de su salud mental, violencia, bajo rendimiento, el fracaso o la deserción escolar, uso de alcohol y drogas, traumatismos (lesiones involuntarias como resultado de accidentes de tránsito), malnutrición y obesidad, consumo de tabaco o cometimiento de delitos. Ciertos factores como: poca capacidad intelectual, indiferencia por parte de la sociedad, ser impulsivos, problemas familiares, abusos, marginalidad o desigualdad pueden poner a una persona frente a un mayor riesgo de tener problemas.

Como todo riesgo, es mejor prevenir que curar. En este sentido, es necesario que la juventud pueda valorar adecuadamente los beneficios, costos y riesgos de sus acciones y decisiones para transitar mejor esta etapa de su vida.

Por eso, cada joven debe ser responsable de gestionar su riesgo, tomando las elecciones más prudentes (cuidado de su cuerpo, alimentación, amistades, etc.). Esto requiere un nivel analítico, reflexivo y una capacidad de tomar decisiones informadas y estratégicas sobre el riesgo.

Ahora veamos otro aspecto de riesgo relacionado con la juventud. Cuando un joven comete un delito y está en una situación vulnerable, existe el riesgo de que reincida (que siga cometiendo delitos en

---

40 http://www.qualitative-research.net/index.php/fqs/article/view/55/113

41 https://www.crimeandjustice.org.uk/publications/cjm/article/risky-individuals- risky-families-or-risky-societies#:~:text=The%20'risk%20factor%20prevention%20 paradigm',methods%20designed%20to%20counteract%20them'.&text=But%20as%20a%20 predictive%20tool%20risk%20factor%20analysis%20has%20limited%20utility.

el futuro). Para prevenir el riesgo de su reincidencia (que afectaría al resto de la sociedad), se deben tomar las medidas para modificar su conducta o forma de pensar. Existen tres alternativas para esa prevención[42]:

- **Tolerancia cero:** se basa en el punitivismo. Su eje está más orientado en proteger a la víctima y que el ofensor pague y evite reincidir por temor al castigo. Su premisa es castigar al ofensor para que perciba las consecuencias de sus acciones.

- **Oportunidad:** en principio, parece operar antes de que suceda el delito o antes de que se reincida por primera vez. Su objetivo es mantener a los jóvenes fuera del delito. Ve como inconveniente el encierro y exige al joven un cambio actitudinal e incorpora, en la responsabilidad de ese cambio, a su familia y entorno. Utiliza estrategias de advertencias policiales, sistemas de conversaciones grupales entre trabajadores de la asistencia social, policía, infractores, su familia y, en algunos casos, las víctimas.

- **Tolerancia:** enfocada en la prevención social y comunitaria, garantizando el interés superior de los jóvenes. Hay una responsabilidad solidaria sobre la gestión del crimen. Tienen más peso algunos aspectos como los derechos humanos o la comprensión del problema como social y confía en los valores familiares y religiosos.

---

42 https://www.teseopress.com/elgobiernodelajuventudenriesgo/chapter/
capitulo-3-las- tendencias-globales-en-la-gestion-de-la-juventud-en-riesgo-
un-contexto-para-pensar-el-caso- argentino-6/

CAPÍTULO VII.
DIFERENTES ASPECTOS DEL RIESGO

La gestión de riesgos en un país

Es crítico para un país incluir la gestión de sus riesgos dentro de su gobierno. Es primordial identificar y gestionar los riesgos que podrían impedir el cumplimiento de los objetivos de cada uno de los países. Para gestionar los riesgos de manera adecuada, es necesario tener en claro cuáles son los objetivos que se procuran cumplir.

No es tan común que los países establezcan sus objetivos. Estos pueden diferir según el partido político que gane las elecciones y aun así, no es normal que se pongan por escrito. Sin embargo, si no tenemos claros cuáles son los objetivos, muy difícilmente podamos identificar los riesgos y gestionarlos. Si no identificamos los riesgos, probablemente diversas circunstancias nos podrán generar impactos no deseados.

Para realizar este ejercicio, vamos a tratar de establecer los objetivos que pudiera tener un país cualquiera. Seguramente, las metas diferirán deacuerdo a cada país, su situación, población, historia, pobreza/riqueza, pero hagamos un intento.

Partiremos de ciertos objetivos comunes. Para ello utilizaremos como base ciertos objetivos que se podrían aplicar a cualquier país; usaremos los Objetivos de Desarrollo Sustentable (anteriormente, Objetivos de Desarrollo del Milenio) de la ONU (Organización de las Naciones Unidas), ciertos planes de algunos países, prospectos de las emisiones de ciertos bonos soberanos, criterios de las agencias calificadoras de riesgos y otros documentos.

A continuación, se listan los que pudieran ser los objetivos de un país:

- Reducir la pobreza y el hambre.
- Generar crecimiento económico y empleo.
- Mejorar la calidad de la educación.

- Promover la sustentabilidad.
- Justicia e instituciones sólidas.
- Seguridad. Ambiente pacífico.
- Mejorar la infraestructura del país.
- Estabilidad de precios.
- Equidad.
- Cumplir con todos sus compromisos.
- Felicidad de sus ciudadanos.

Después haber establecido los objetivos macro, será necesario establecer objetivos y metas más concretas y específicas para poder identificar mejor los riesgos; sin embargo, para este ejercicio, nos mantendremos con los objetivos establecidos en la lista.

Es importante mencionar que los objetivos para un país, no necesariamente serán los mismos que para un gobierno (sector público). Si bien deberían estar alineados, probablemente, habrá diferencias entre ellos.

Ahora bien, pasaremos a la identificación de los riesgos que podrían impedir la consecución de esos objetivos:

a) Factores externos adversos

- Contracción económica mundial.

- Disminución de la inversión extranjera, que privaría del capital necesario para el desarrollo.

- Cambios en los precios internacionales (baja de los bienes exportables) podrían afectar la cuenta corriente y reduciría ingresos del sector público.

- Altas tasas de interés internacionales (para un país con endeudamiento) que podría generar un mayor pago de intereses y un mayor gasto presupuestario.

- Recesión o bajo crecimiento económico en los socios comerciales (podría disminuir exportaciones, induciendo a una contracción de la economía) y reducción de los ingresos del sector público.

◆ Cambio en la percepción de riesgo por parte de organismos internacionales (Banco Mundial, BID (IDB), entre otros) o de los financiadores que les restrinjan recursos o le cambien las condiciones financieras de los mismos.

◆ Eventos climáticos adversos.

b) *Factores internos adversos*

◆ Aumento de la cantidad de dinero o aumento en la rotación del mismo, que podrían llevar a aumentos en la inflación, altas tasas de interés internas, volatilidad del tipo de cambio y, en consecuencia, conducir a un menor crecimiento económico.

◆ Disminución de la inversión interna que afectará el crecimiento y los ingresos del sector público.

◆ Disminución de la demanda de moneda local por desconfianza que llevará a la desvalorización de la misma, inflación, dificultades para el pago de compromisos en moneda extranjera y mayor competitividad comercial externa.

◆ Eventos políticos adversos.

◆ Hostilidades nacionales o internacionales.

◆ Uso inadecuado de los fondos (corrupción, fraudes, robos, etc.)

◆ Cambios en las reglas del juego, aumentos impositivos o inseguridad jurídica que ahuyenten inversiones.

◆ Eventos naturales, cambios climáticos, terremotos, sequías, lluvias abundantes, etc.

◆ Desconfianza en las finanzas del país que lleve a la salida de capitales.

◆ Aumento sistemático del gasto público que requiera un mayor financiamiento.

Seguidamente, habría que evaluar los diferentes riesgos y compararlos con la capacidad y apetito de riesgo. Para ello, es necesario cuantificar los riesgos (probabilidad e impacto eventual). Para los riesgos que sean más relevantes (mayor probabilidad de ocurrencia y/o mayor impacto) habrá que establecer los planes de acción necesarios.

Veamos algunas de las características que hacen a un país más vulnerable/ riesgoso que otro: su economía está concentrada en un bien o servicio (puede ser un commodity, un insumo, el sector turístico), tiene dependencia del clima, tiene menos recursos para afrontar una pandemia, tiene menos recursos en general (naturales, humanos, económicos), incumple con sus deudas de manera recurrente, entre otras. Todas estas circunstancias hacen que un país sea más riesgoso o vulnerable que otro.

Las agencias calificadoras de riesgo (Fitch, Moody´s y S&P, principalmente) califican a los países en relación con su capacidad de repago de su deuda. A mayor riesgo, los inversores le demandarán una mayor tasa de interés para compensar ese riesgo. Veamos algunas de las variables que analizan las agencias para determinar el riesgo de cada país[43]:

- Seguridad jurídica, efectividad del gobierno, control de la corrupción, estabilidad política y ausencia de violencia.

- PBI per cápita.

- Incumplimientos de su deuda y tiempo desde el último incumplimiento.

- Aumento de la base monetaria de dinero.

- Volatilidad del PBI.

- Nivel de deuda pública, pago de intereses, situación fiscal.

- Nivel de reservas, flexibilidad de la moneda.

- Dependencia de commodities.

- Nivel de la cuenta corriente.

Al final, Fitch agrupa estos criterios en cuatro grandes pilares:

a) Características estructurales: si la economía es más o menos vulnerable a shocks y riesgos creados por el sector financiero, incertidumbre política y factores de gobernanza.

---

43 https://www.fitchratings.com/research/sovereigns/sovereign-rating-criteria-27-04-2020

b) Rendimiento macroeconómico, políticas y prospectos: perspectivas de crecimiento, estabilidad, coherencia y credibilidad de las instituciones.

c) Finanzas públicas: déficits, estructura y sostenibilidad de la deuda pública, acceso a financiamiento y eventual materialización de pasivos contingentes.

d) Finanzas externas: sostenibilidad de la cuenta corriente y flujos de capital. Estructura de la deuda (pública y privada).

En conclusión, para mejorar el riesgo de un país, se debe trabajar en la mitigación de los riesgos que emanan de estos pilares. Lo que llevará a mejoras en las condiciones de financiamiento y creará condiciones más favorables para el crecimiento y desarrollo del país.

Riesgo soberano vs. riesgo país

Riesgo soberano es la probabilidad de que el soberano incumpla con sus compromisos y obligaciones financieras cuando corresponda. Para ello, se utiliza el rating crediticio que proveen las agencias calificadoras de riesgo, ya mencionadas en el apartado anterior.

Por otro lado, el riesgo país es algo más amplio en su concepto. Incluye la probabilidad de que el gobierno imponga controles de capitales y de tipo de cambio que impidan convertir moneda y pagar compromisos en moneda extranjera. Eso se denomina riesgo de transferibilidad y convertibilidad e incluye el riesgo de guerras, expropiaciones, revoluciones o desastres naturales.

Veamos el modelo presentado por Country Risk[44]:

a) Estructura económica y crecimiento. Incluye: nivel de ingreso, volatilidad del PBI, demografía, educación, infraestructura, tecnología, integración con el mundo y nivel de ahorro. A mayor estructura económica, mayor futuro y resiliencia.

b) Estabilidad política. Incluye: calidad de la democracia, historia y conflictos internos o externos, conflictos religiosos o étnicos, influencia militar o conflictos sociales. Miden el sistema

---

44 https://countryrisk.io/platform/rating-methodology/july-2020/

político para establecer la capacidad de conducir crecimiento sostenido y finanzas públicas saludables.

c) Instituciones y gobernabilidad. Incluye: imperio de la ley, control de la corrupción, calidad de la regulación, responsabilidades y rendición de cuentas, estabilidad política, transparencia, respeto por los derechos humanos, facilidad de hacer negocios. Un sistema político robusto sirve en tiempos de inestabilidad y favorece el marco de desarrollo.

d) Política monetaria. Incluye: evolución de precios, volatilidad inflacionaria, crecimiento del crédito doméstico, tasas de interés, régimen de tipo de cambio e integridad de la política monetaria. Las políticas monetarias creíbles y sanas son un pilar para el crecimiento sustentable y reducen riesgos ante eventos inesperados. Asimismo, la independencia de las entidades monetarias respecto del poder ejecutivo es clave.

e) Fortaleza del sistema financiero. Incluye la evaluación del sistema financiero en cuanto a adecuación de capital, calidad de activos, calidad de las gerencias, rentabilidad, liquidez y sensibilidad a riesgos de mercado. Un sistema financiero sólido y estable es importante para un crecimiento económico sustentable.

f) Vulnerabilidad de las cuentas fiscales. Incluye: balance fiscal, eficiencia de la recaudación, evolución de los ingresos fiscales vs el crecimiento del PBI, calidad de la gestión de los responsables fiscales.

g) Vulnerabilidad fiscal y sostenibilidad de las cuentas públicas. Incluye: relación de la deuda pública total vs el PBI, relación del servicio de intereses vs ingresos fiscales, servicios de deuda sobre exportaciones, perfil de deuda pública, incertidumbre de proyecciones.

h) Flexibilidad de la balanza de pagos y sostenibilidad de la deuda externa. Incluye: saldo de la cuenta corriente, nivel de reservas, transaccionalidad de la moneda, evolución de las exportaciones, diversificación de las exportaciones, inversiones, deuda sobre PBI, deuda sobre exportaciones, cobertura de importaciones.

i) Cambio climático, energías renovables, medio ambiente y biodiversidad. Incluye: nivel de emisiones de gases de efecto invernadero, riesgos de factores climáticos, riesgos que provengan del cambio climático, políticas públicas para enfrentar el cambio climático, uso de energías renovables.

j) Temas sociales. Incluye: fortaleza de la salud pública, calidad del sistema de salud, calidad alimenticia, políticas para enfrentar el hambre, eliminación de la pobreza, riesgos a crisis humanitarias.

k) Mercado laboral e inclusión social: tasa de desempleo, desempleo juvenil, participación de la fuerza laboral, calidad de las políticas laborales, sistema equitativo de ingresos, contención social, balance entre trabajo y vida privada, equidad.

l) Riesgo de transferibilidad y convertibilidad. Mide los incentivos y costos de que el gobierno introduzca controles de capital y cambiarios. Si bien estos controles pueden representar ciertos beneficios para el gobierno en cuanto a preservar las reservas internacionales y limitar el flujo de salida de capitales, estas restricciones generalmente dañan al sector privado (limitaciones para el pago de sus compromisos y dificultades para el acceso a financiamiento). Asimismo, disminuyen los incentivos para las inversiones de extranjeros. En esta categoría se evalúa la historia de imposición de restricciones, participaciones en uniones monetarias, integración con la economía mundial, calidad de la ley, reservas internacionales.

Promoción de buenas prácticas por parte del Estado

Asimismo, un Estado debería promover y recomendar a las organizaciones e individuos, que están en el país, que tengan buenas prácticas de gestión de riesgo.

En el ámbito financiero, es el regulador local que les exige a las instituciones financieras que tengan buenas prácticas de gestión de riesgos (gobierno corporativo, área independiente, procesos, modelos, escenarios,etc.) teniendo en cuenta que estas instituciones captan dinero del público. Entonces, el regulador procura cuidar al público al exigir las buenas prácticas.

Lo mismo debería suceder en los demás ámbitos de un país. Por ejemplo, si las organizaciones (empresas grandes y pequeñas) gestionaran adecuadamente sus riesgos (identificar y administrar) serían más resistentes o resilientes a las crisis. Por otra parte, preservarían de mejor manera los puestos de trabajo de sus empleados y serían más rentables (evitando pérdidas operativas y siendo más eficientes). Esto redundaría en mayor pago de impuestos.

Por el lado de los individuos, una adecuada gestión de sus riesgos los llevaría a transitar la vida con menos imprevistos, mejor salud, decisiones menos riesgosas y finanzas más saludables.

La gestión de riesgos en el deporte

> *"El primer paso en el proceso de gestión de riesgos es reconocer la realidad del riesgo. La negación es una táctica común que sustituye la ignorancia deliberada por una planificación reflexiva".*

CHARLES TREMPER

En general, la gestión del riesgo ha sido implementada solamente en las instituciones financieras. Esto porque es requerido por el regulador. Sin embargo, el entorno del negocio, las condiciones del mercado, la incertidumbre y el uso eficiente de los recursos debería impulsar a todas las organizaciones a una gestión de los riesgos, incluyendo las organizaciones deportivas o lo que se relaciona con el deporte.

Todas las organizaciones o emprendimientos se hallan expuestos a diversos riesgos que podrían impedir que consigan sus fines últimos (objetivos). Es por ello necesario que las organizaciones tengan un adecuado marco para gestionar los riesgos, tanto a nivel estratégico como a nivel operacional. Esto contribuirá a reducir eventos no deseados o pérdidas, y ayudará a mejorar la eficiencia. Los recursos no son inagotables y cualquier iniciativa que mejore la eficiencia en el uso, permitirá mejor rendimiento del capital invertido.

Uno de los riesgos más visibles del deporte es el de las lesiones. Algunas más que otras impedirán al deportista competir y esto lo alejará de su objetivo.

Por otro lado, en cuanto al riesgo del negocio deportivo se pueden destacar los riesgos de cambios en las leyes y normas, cambios en condiciones de mercado (tasas de interés, tipo de cambio, precios de insumos, entre otros), cambios en ingresos o egresos que afecten la capacidad de repago (o generación de fondos), riesgos políticos que afecten el ambiente de negocios, riesgos legales (posibles demandas o incumplimientos), pérdida de personas clave (con información o contactos), riesgos climáticos que pudieran afectar los eventos (y por ende los ingresos) y… ¡las pandemias!

Entre los impactos, tenemos las pérdidas económicas, pérdida de activos y afectación a la imagen y reputación de la empresa o emprendimiento. La pérdida de un sponsor o un contribuyente también es un eventual riesgo.

En este caso, debemos aplicar el mismo proceso de gestión de riesgos. Conocer la misión, establecer los objetivos (estratégicos u operacionales), identificar los riesgos que podrían afectar ese cumplimiento, analizar los riesgos (determinar probabilidad e impacto), valorarlos (contra la capacidad y deseo de asumir riesgos) y mitigarlos (si fuera necesario) con planes de acción.

Es necesario que todas las empresas, clubes, emprendimientos o, incluso, atletas o deportistas gestionen de la mejor manera sus riesgos. Para ello, es necesario contar con personas que tengan la adecuada capacidad para identificar y gestionar los riesgos, con los recursos necesarios y con la responsabilidad adecuada para tomar las decisiones que se requieran.

Cuanto mejor se gestione la incertidumbre, mejor será el rendimiento y mayor será la posibilidad de cumplir los objetivos. Como ya sabemos, el riesgo es inevitable. Solo podemos gestionarlo de la mejor manera.

El establecer un ambiente de gestión de riesgos adecuado, con el ambiente de control necesario, se traducirá en una empresa de excelencia y mejorará la toma de decisiones en toda la organización. En el caso de un club o emprendimiento deportivo, se podrían presentar los siguientes riesgos: cambios en el ambiente de negocios, cambios en el mercado financiero, uso de los recursos de manera adecuada, gastos inesperados para la mantención de las instalaciones, riesgos en las adquisiciones que se realizan, peleas, disturbios, robos de inventarios, riesgos en las instalaciones (contar con un plan de evacuación), interrupción del negocio (contar con un plan de continuidad de negocios). Adicionalmente, las lesiones de los involucrados podrían significar pérdidas. Para ello, en muchas ocasiones, se recurre a los seguros que cubren este riesgo.

Para llevar a cabo todo esto se requiere contar con personal capacitado, procesos y acciones documentadas que permitirán reducir el riesgo y los eventuales pasivos.

Dinámica de la puntuación en ciertos deportes y su relación con los riesgos

En su estudio *Dinámica de puntuación en los deportes de equipo profesional: tempo, equilibrio y previsibilidad (Scoring dynamics across professional team sports: tempo, balance and predictability)*, Sears Merritt y Aaron Clauset (2014), analizan las diferentes variables que influyen en las puntuaciones en los principales deportes americanos (fútbol americano, baseball, hockey y basquetbol). Entre las variables que analizan en su estudio se encuentra el riesgo[45].

En estos deportes el objetivo final de cada equipo es ganar (anotar más puntos que el rival). El riesgo de no alcanzar el objetivo puede estar asociado con peores estrategias, peores ejecuciones, peores habilidades, menor rendimiento físico, entre otras. Estos factores también pueden acarrear los riesgos parciales de que les anoten.

En el estudio, demuestran que en ciertos deportes, en las primeras fases del juego, los equipos tienden a "calentar" o "aprender y descubrir las competencias y debilidades de su oponente". Por ello, en estas primeras fases, estos comportamientos tienden a reducir las probabilidades de anotar puntos por las conductas más adversas al ries-

---

45 Sears Merritt & Aaron Clauset (2014). Scoring dynamics across professional team sports: tempo, balance and predictability. Disponible en: https://link.springer.com/ar- ticle/10.1140/epjds29.

go. Los equipos son menos propensos a tomar riesgos para anotar y atacar, ya que de sufrir anotaciones en su contra limitaría el juego a partir de ese momento.

Asimismo, demuestran que cuando se acaban los períodos (muy especialmente en el último), los equipos que están por debajo en el marcador, tienden a asumir mayores riesgos, ya que no contarán con más oportunidades en el futuro. Esto hace que haya más anotaciones en los momentos finales de un juego. Estos equipos tienden a realizar cambios en la formación y en la estrategia procurando revertir el marcador. Por otra parte, los equipos que están por delante en el marcador tienden a consumir el tiempo de juego (gestión del tiempo) procurando reducir su exposición al riesgo.

Un caso distinto es el tenis. El objetivo final del juego es ganar el último punto (o ganar los puntos necesarios para completar los games o sets). En el caso del jugador, también tiene el riesgo de errar un tiro y de perder ese punto. Si tomamos el saque de Andy Roddick o Goran Ivanišević, el riesgo de perder un punto de saque es menor.

De acuerdo a *Tennis Mind Game*, si uno aumenta el riesgo de un tiro (más fuerte o más esquinado), disminuye las probabilidades de perder el punto (más difícil para el rival), pero aumenta las probabilidades de fallar el tiro. A partir de cierto riesgo (velocidad o ángulo), cada vez que se toma más riesgo, aumenta la probabilidad de errar[46].

Así podremos clasificar los jugadores en dos tipos: a) conservadores (bajan la probabilidad de errar tiros) y b) agresivos (mayor probabilidad de fallar tiros).

De acuerdo a la ATP, hay ciertos puntos mucho más importantes que otros (por ende, más riesgosos si uno los pierde)[47] y así los clasifican:

- Puntos de alto riesgo: por ejemplo, los puntos de 30/40, ventaja afuera o 15/40 son: hay mucha diferencia entre las probabilidades de ganar el game o perderlo (más del 50% de diferencia).

---

46 Ganar el juego de riesgo en el país. Disponible en: https://www.
   tennismindgame.com/ two-risks.html
47 https://www.atptour.com/en/news/infosys-scoreboard-strategy-june-2016

- Puntos de mediano riesgo: son los 30/30, 0/30, iguales, 0/15, 15/15, 15/30: la diferencia entre ganar el game por ganar o perder el punto está entre 25% y 50%.

- Puntos de bajo riesgo: son 40/30, ventaja al saque, 0/0, 30/15, 15/0, 40/15, 30/0, 40/0 y 0/40. La diferencia entre ganar y perder el punto es menor en el resultado del game (menor al 25%).

A medida que baja el riesgo del punto, se puede ser más agresivo y tomar más riesgo. Un punto de alto riesgo, tiene una consecuencia e impacto alto con relación al objetivo de ganar o perder el juego.

Por otro lado, es importante considerar el score general del juego. Es así que a medida que estamos más abajo en el marcador, se puede ser más agresivo buscando cambiar la tendencia del juego.

Las lesiones como riesgos

Las lesiones pueden afectar a los deportistas en el cumplimiento de sus metas y objetivos. Por un lado, para un deportista que compite de forma individual puede significar estar fuera de la competencia, dejar de percibir sus ingresos y retroceder en un ranking o clasificación. Por otro lado, para un deportista que compite dentro de un equipo, puede significar un detrimento para el equipo dependiendo de su nivel y su reemplazo.

Como en todo riesgo, se debe evaluar el riesgo de lesiones que, como vimos, se mide de acuerdo a la probabilidad y el impacto. Una lesión simple podría tener consecuencias menores (seguramente tenga una probabilidad mayor de ocurrencia); mientras tanto, una lesión mayor afectaría considerablemente al deportista y podría dejarlo meses fuera de competencia.

Analicemos un estudio realizado por Javier Noya Salces llamado *Análisis de la incidencia lesional en el fútbol profesional español en la temporada 2008-2009* (2015) y algunos de sus hallazgos más relevantes[48]. Salces estudió 27 equipos de la primera y segunda división española de la temporada 2008-2009 en la cual se registraron 2 184 lesiones (para los 728 jugadores). En términos generales, las lesiones fueron 8,92 lesiones por cada 1 000 horas de exposición (entre-

---

48 http://oa.upm.es/40563/1/JAVIER_NOYA_SALCES.pdf

namiento y competencia). La consecuencia o ausencia media fue de 11,3 días.

Sobre la base de estas estadísticas se describen algunas de las más relevantes:

- La media de lesiones por jugador es de 1,4 lesiones por temporada; es decir, más de una lesión por jugador por temporada. Además, más del 75% de los jugadores tendrán una lesión en la temporada.

- La lesión en competencia es seis veces más probable que en entrena miento.

- Es más probable una lesión en un partido de Copa del Mundo o Champions que en la liga local y mucho más que en un amistoso. Es decir, la probabilidad depende de la exigencia de la competencia.

- Lo anteriormente nombrado coincide con la mayor probabilidad de lesión si el equipo del jugador va perdiendo (doble de probabilidad de lesión que si va ganando su equipo).

- Contrariamente a la intuición, los jugadores muy jóvenes (17-19 años) son igual o más propenso a lesiones que los de mayor edad (por defectos técnicos, fuerza muscular, resistencia, conocimiento de su cuerpo).

- Es más probable una lesión en el lado dominante del jugador (56%- 44%).

- La mayor probabilidad de lesión corresponde a un delantero, luego, al arquero, luego a un defensor y, por último, a un mediocampista.

- Las lesiones musculares son las mayores (2,6 lesiones por cada 1 000 horas de exposición o 40% del total), las siguen las lesiones de ligamentos (2,0 o 20% del total), por contusión (1,7 o 18% del total) y, por último, las fracturas (5% del total).

- Dentro de las lesiones musculares, la más común es la rotura muscular, y dentro de esta categoría, la más común es la que afecta al muslo.

- Dentro de las lesiones de ligamentos, la más común es la de tobillos.

- En cuanto a los impactos, las lesiones menores (4-8 días de ausencia) representaron el 31% del total, luego, las leves (1 a 4 días de ausencia) 30% del total, seguidas por las moderadas (8-28) 28% y, por último, las graves (+28 días, 10%). Solo el 0,1% implicó el retiro.

- En cuanto al impacto de las lesiones o gravedad, las más graves (jugador estará ausente más de un mes) corresponden a la rodilla (35% del total), seguido por la ingle o cadera (20% del total).

- La ausencia media fue de 11 días, mostrando que las mayores lesiones no son de severidad.

- Solo el 3% de las lesiones llegaron a ser quirúrgicas.

Es poco realista creer que la seguridad en el juego se puede garantizar por completo, ya que cualquier deporte competitivo conlleva un riesgo. Sin embargo, existen recomendaciones (controles) que minimizarán el riesgo:

- Entrenadores y preparadores físicos: asesoramiento sobre la estructuración de las sesiones de entrenamiento, calentamiento apropiado, relación entrenamientos/partidos adecuada, reducción del tiempo de juego.

- Personal médico: asesoramiento sobre los programas de rehabilitación adecuados, suficiente tiempo de recuperación, atención a todas las dolencias del jugador, vendaje de las articulaciones de tobillo (especialmente en tobillos que ya han sufrido esguinces).

- Jugadores: asesoramiento sobre cómo mejorar el rendimiento (flexibilidad, capacidad, resistencia), tiempo de reacción, buenos hábitos   de estilo de vida (evitar el consumo de tabaco y alcohol, alimentación adecuada), actitud responsable hacia el juego limpio.

- Árbitro: asesoramiento sobre la reducción del juego sucio mediante una aplicación estricta de las reglas del juego.

- Dieta variada: la buena nutrición es el secreto del éxito, equilibrando proteínas y carbohidratos.

- Ejercicios específicos: ejercitar y estirar los músculos involucrados.

- Hidratación: beber suficiente y frecuentemente agua para mantenerse hidratado y evitar los calambres. Las bebidas energéticas pueden reabastecer los niveles de glucosa pero también tienen alto contenido de azúcar.

- Descanso: las lesiones necesitan tiempo para sanar. Asimismo, el cuerpo necesita el adecuado descanso entre entrenamientos y juegos.

En este sentido, varios autores han identificado los factores de riesgo asociados a las lesiones en el fútbol, entre los que destaca el juego sucio, las lesiones anteriores, el aumento de edad, falta de entrenamiento o entrenamiento demasiado bajo para el número de partidos y las condiciones del campo.

La lesión que termina una carrera y la gestión de riesgos

Las lesiones suelen ocurrir en los deportes: en entrenamientos, en competencias o accidentes. Pueden ser lesiones sencillas o pueden terminar con la carrera de un deportista. Algunos deportistas deciden mitigar el riesgo de una lesión grave que haga finalizar su carrera y contratan un seguro. En ciertas circunstancias, el seguro puede ser adquirido por un club (fútbol, fútbol americano, rugby), protegiendo sus intereses. El pago puede realizarse a través de una suma fija o en cuotas. Es de vital importancia cómo se definió la lesión (qué incluye y qué no) y las obligaciones del deportista para poder acceder al reclamo en caso de lesión[49].

Por ejemplo, Usain Bolt es una persona propensa a tomar riesgo. Él ganó once títulos mundiales y ocho olímpicos como velocista. Además, aún posee los récords mundiales de los 100 y 200 metros lisos, y la carrera de relevos 4×100 con el equipo jamaicano.

---

49 https://www.lawinsport.com/topics/features/item/why-athletes-should-consider-career- ending-insurance-to-protect-against-serious-injuries

En el año 2010, comentó en su libro *Usain Bolt: Mi cuento 9.58* (2010), que no poseía ninguna cobertura contra una lesión que finalizará su carrera. Según Bolt, estudió, conjuntamente con su equipo, la posibilidad de contratar un seguro contra una lesión; sin embargo, concluyeron que era ridículamente caro y que aún si sufría una lesión, no tendría problemas económicos. Esto refleja la actitud más relajada de un caribeño en contraposición con la de un europeo (como se explica más adelante). Asimismo, él cuenta que no era muy proclive al entrenamiento.

En contraste, otros deportistas sí evalúan el riesgo y deciden mitigarlo. Por ejemplo, Leonard Joseph Fournette (actual corredor de los Jacksonville Jaguars) cuando aún era universitario, decidió adquirir un seguro contra una lesión que perjudicara su carrera. Sus padres adquirieron un seguro de diez millones de dólares en el caso de que Fournette sufriera una lesión que terminara su carrera, y otra póliza por diez millones de dólares si sucedía alguna circunstancia que le impidiera llegar a la NFL[50]. Se estima que el costo ronda los ocho mil dólares por millón de cobertura.

En el caso de ciertas ligas (NBA o NFL o NHL) hay requisitos para que los clubes adquieran esas coberturas. Por ejemplo, la NBA obliga a los equipos a hacerlo para los cinco jugadores principales.

En el caso de los deportistas individuales (tenis o golf), ellos deben pagar su propia cobertura[51]. Veamos el caso del exgolfista Anthony Kim. En 2010, Kim tenía 25 años y era la gran esperanza estadounidense del golf. Había conseguido tres triunfos en el PGA Tour y estaba dentro de los 10 primeros del ranking mundial. Además, había representado a Estados Unidos en el famoso Ryder Cup[52].

Después de participar en el Masters de Augusta del 2011, Kim se lesionó el pulgar y tuvo una cirugía un mes después. Luego, tuvo una tendinitis en su muñeca y, posteriormente, la rotura del tendón de Aquiles en 2012. No ha vuelto a jugar desde entonces y una de las ra-

---

50 https://www.cbssports.com/college-football/news/leonard-fournettes-10m-policies-and-the-unregulated-world-of-player-protection/

51 https://www.insurancethoughtleadership.com/sports-injuries-who-pays-for-what/

52 https://www.marca.com/2015/10/01/golf/1443714365.html

zones, se estima, es por la cobertura que tenía. Kim había contratado un seguro por diez millones de dólares ante una lesión que acabara su carrera. Kim sopesaba mucho el riesgo de un eventual regreso pudiendo lesionarse nuevamente, contra el beneficio de cobrar la póliza[53]. La póliza en cuestión indicaba que si hacía un swing, perdía el beneficio.

Similitudes entre el golf y la gestión de riesgos

Hay muchas similitudes en el juego del golf y la gestión de riesgos. Por un lado, hay siempre una relación (*tradeoff*) entre el riesgo y el rendimiento. Cuando uno enfrenta un tiro sobre una laguna, sobre una calle o sobre un bunker, uno podría tener dos alternativas: a) ir por arriba del obstáculo o b) utilizar dos tiros para rodear y evitar el obstáculo. Para seleccionar alguna de las dos alternativas deberíamos considerar ciertos factores: por ejemplo, nuestra habilidad, nuestra experiencia, nuestro nerviosismo, la importancia del torneo, si es al comienzo de la ronda o al final. El ir por arriba del obstáculo o hacer un tiro arriesgado puede dejarnos en una mejor situación, pero también puede dejarnos en el obstáculo y con alguna penalidad.

Por eso, la decisión dependerá de nuestro apetito de riesgo. Todas las personas tenemos un apetito de riesgo diferente y todas decidimos de acuerdo a ello. Algunas vamos por el tiro del año, que nos deje en el PGA Tour, otros por el juego seguro. Tener claro nuestro apetito de riesgo, nos permitirá tomar mejor esas decisiones cuando nuestro pulso sea más alto.

Otro aspecto que destaco del golf es que el pasado no garantiza el éxito. Pude haber jugado mil veces ese hoyo o mil veces esa cancha con éxito; sin embargo, eso no significa que la próxima vez que juegue haré lo mismo. Uno debe estar totalmente consiente y enfocado en cada día porque las condiciones son diferentes: más o menos viento, más o menos presión, entre otros.

La gestión de los riesgos es similar. El pasado no garantiza que uno siempre pueda gestionar adecuadamente un riesgo. Las condiciones

____

53 https://www.golfdigest.com/story/report-anthony-kim-might-not-p

y el entorno cambian constantemente. Nuevos riesgos emergen continuamente[54].

En varias canchas de Estados Unidos se realizan evaluaciones para determinar el nivel de riesgo de ciertos riesgos[55] [56](valga la redundancia). Los identifican, les asignan probabilidades y establecen los controles mitigantes; asimismo, realizan un análisis de riesgo de cada uno de los hoyos de su cancha. Veamos algunos de los ejemplos:

- Que una pelota golpee a un jugador.

- Que un palo golpee a un jugador.

- Que un jugador se resbale o tropiece por una irregularidad o pendientes en la cancha.

- Que un jugador se resbale por el pasto mojado.

- Que se produzca un accidente con los carritos eléctricos.

- Que se produzca el daño a propiedades de terceros.

- Que la cancha sufra una perdida por fuego, falta o exceso de agua.

- Que se produzca un robo en las instalaciones del club.

- Que los jugadores se agredan física o verbalmente.

- Que los trabajadores sufran algún accidente durante el mantenimiento.

- Que haya una tormenta eléctrica.

Una vez que se identificaron los riesgos, se establecen los controles adecuados para la mitigación de los mismos.

El riesgo en la medicina

Un ámbito de nuestra vida en el que lidiamos con riesgos es en la medicina. El consentimiento informado significa que los pacientes

---

54 https://assets.kpmg/content/dam/kpmg/xx/pdf/2016/11/three-lessons-risk-management- golf.pdf

55 https://www.rowanygolfclub.com/wp-content/uploads/sites/5460/2015/11/RISK- ASSESSMENT_FINAL.pdf

56 https://www.signaturerisk.com/assets/docs/Golf_Course_Risk_Management.pdf

con capacidades racionales de comunicación deben ser provistos con la suficiente información sobre los riesgos, beneficios, costos y alternativas asociados con un tratamiento o procedimiento para poder tomar una decisión y expresar su permiso. Este proceso requiere que el médico o la clínica le provean de la información al paciente antes del tratamiento o procedimiento.

No se debería tratar de un documento firmado únicamente, sino de la gestión de las expectativas del cliente o paciente. Los pacientes deben tener el mayor conocimiento del propósito, beneficios, riesgos, alternativas, resultados esperados para poder manejar sus expectativas.

Al hablar de incertidumbre y objetivos esperados de un tratamiento o procedimiento es necesario que el paciente pueda realísticamente estimar probabilidades e impacto de cada escenario para entender la situación y poder tomar la mejor decisión.

Por otro lado, lo que hace este consentimiento informado es transferir la responsabilidad de la decisión del médico o profesional únicamente a ambos (médico y paciente). Informar a un paciente que la probabilidad de éxito de un procedimiento es 100% seguro cuando en realidad no lo es, podría resultar en un problema.

Para el médico, el consentimiento informado bien realizado (brindando evidencia, explicando detalladamente, tomándose el tiempo necesario para que el paciente entienda los riesgos) puede resultar una herramienta adecuada para su defensa en el caso de que el resultado de la práctica sea adverso.

En el caso de emergencias, se asume un consentimiento informado del paciente para el tratamiento, mientras que el caso de los menores de edad, el consentimiento le corresponde a los padres o tutores.

Por otro lado, los médicos también deben tomar medidas en el caso de que un paciente rehúse llevar a cabo un proceso o tratamiento. Es esencial que el profesional documente su diagnóstico y recomendación, que el paciente denegó realizar el procedimiento y asumió los riesgos de no realizarlo.

Prácticas similares suceden cuando vamos a hacer paracaidismo, bungee jumping o actividades de alto riesgo. Generalmente, nos solicitan firmar un documento en el que aceptamos los riesgos de lo que hacemos (y liberamos de responsabilidad al otro). En algunas oportunidades firmamos escritos como este: "Yo he leído toda esta información (que rara vez leemos) relativa a esta actividad. Confirmo que entiendo y acepto claramente los riesgos inherentes (después de los controles) a los que me enfrento, incluyendo accidentes físicos y hasta la muerte".

Igualmente, cabe destacar, que hay una diferencia entre el bungee jumping y una práctica médica. En el caso del bungee jumping el que realiza la práctica expresa que asume el riesgo de accidentes durante la práctica. Debe firmar que libera de toda responsabilidad al operador de cualquier accidente, incluyendo la negligencia de este. Esta aceptación implícita del riesgo es algo diferente en la medicina. En el caso del médico, este siempre será responsable de actuar en el mejor interés del paciente. Por el contrario, si una persona es golpeada por una pelota de baseball en un partido de la MLB, se entiende que su elección y decisión de estar en el evento es evidencia de su consentimiento para tomar el riesgo.

Riesgos que hay que tomar

En su libro *Piensa en grande* (*Think Big*) (1996), Ben Carson detalla ciertas circunstancias en las cuales vale la pena correr riesgos muy altos. Carson es un médico neurocirujano pediatra (hoy retirado), escritor y político estadounidense. Fue precandidato presidencial en 2016 y es el actual Secretario de Vivienda y Desarrollo Urbano, siendo el primer afroamericano en formar parte del gabinete del presidente Trump. Es conocido por realizar operaciones de muy alto riesgo, como la separación de los gemelos siameses alemanes Patrick y Benjamin Binder en 1987, junto con un equipo de 70 personas, tras un período de 22 horas, la separación de los bebés varones zambios Luka y José Banda, realizó el primer procedimiento intrauterino para aliviar la presión sobre el cerebro en una hidrocefalia fetal e hizo un hemisferectomía (consiste en extraer la mitad del cerebro), entre otras cosas.

Cuando se le consultaba sobre los procedimientos de alto riesgo que realizaba, su respuesta es: "Pero, debemos mirar la alternativa si no hacemos nada". En la mayoría de sus intervenciones, los pacientes probablemente murieran de cualquier manera.

Uno de sus casos más renombrados, fue el de Dusty Phillips. Dusty vivía en West Virginia y todos los neurocirujanos del lugar habían concordado que padecía un tumor en uno de los hemisferios de su cerebro, que crecía muy rápidamente y que sería terminal. Después de intentar sin éxito con rayos y quimioterapia, los doctores les recomendaron a sus padres que hicieran lo mejor que pudieran para que estuviera cómodo los últimos días de su vida, indicando que no vislumbraban ninguna posibilidad.

Ya casi sin esperanzas, los padres llevaron a Dusty al Hospital John Hopkins para ver a Carson, quien concordó con los diagnósticos anteriores; sin embargo, abrió una mínima posibilidad: "Hay una mínima chance para su hijo, no es una alta probabilidad, pero valdría la pena intentarlo"; "Hágalo" dijeron los padres.

Carson pasó varias horas explicándoles a los padres los riesgos del procedimiento, entre ellos: posibilidad de un sangrado fatal durante la operación, infección, impedimento neurológico permanente, parálisis, cambios sensoriales, pérdida de la visión, posibilidad de llegar a una coma, etc.

Los padres preguntaron entonces: "¿Qué pasaría si no hacemos nada?". Su respuesta fue la que le habían dado los médicos en West Virginia; con lo cual, los padres decidieron realizar la operación, que requería una remoción de parte del cerebro afectado.

Tras la operación, el tumor no regresó y la vida de Dusty es normal. Asumieron un riesgo grande, pero terminó valiendo la pena.

La sociedad riesgosa

La sociedad riesgosa (*risky society*) es la manera en que una sociedad moderna se organiza entorno a su respuesta al riesgo. Este término surge a partir de varios escritores modernos como Ulrich Beck y Anthony Giddens. El concepto nace en los ochenta y ganó popularidad durante los noventa como consecuencia de las tendencias mundiales modernistas, especialmente, elcrecimiento de las preocupaciones medio ambientales.

Según Giddens, una sociedad riesgosa es una "sociedad que esta crecientemente preocupada por el futuro y por la seguridad; con lo cual, genera la noción del riesgo". Por otro lado, Beck la define como "una manera sistemática de lidiar con los peligros e inseguridades que la propia modernización acarrea"[57].

Entonces, la modernización trae cambios en la tecnología, en las características de la sociedad, en los estilos de vida, en la forma de relacionarse, en la estructura de poder, en el conocimiento. Estos cambios representan riesgos para la sociedad. Asimismo, el concepto está basado en la nueva capacidad que tiene la sociedad de reflexionar y examinarse.

Uno de los acontecimientos que llevó a este concepto fue el desastre de Chernóbil en 1986. Los riesgos ambientales tienen un efecto considerable sobre la sociedad y a veces son inmanejables.

Giddens y Beck comentan que, anteriormente, las sociedades afrontaban riesgos que, en general, dependían de factores no humanos (como ser: desastres naturales). Sin embargo, las sociedades modernas se encuentran expuestas a riesgos como la contaminación, enfermedades (incluyendo al Coronavirus) o crímenes, que son el resultado de acciones humanas y producto de la modernización.

Entre estos desastres ambientales, creados por la propia mano humana, tenemos el accidente nuclear de Chernóbil, la contaminación en el delta del Níger, el derrame de crudo en el golfo de México por British Petroleum, la desaparición del mar de Aral entre Kazajistán y Uzbekistán y la destrucción del Amazonas. Podemos sumar los efectos nocivos del coronavirus en el 2020[58].

De alguna forma, estos desastres ambientales minan la confianza de las sociedades en las industrias, los gobiernos y los expertos. Algunos creen que las soluciones (o planes de acción) deben ser que se creen mayores regulaciones en todas las industrias relacionadas. Así

---

57 https://en.wikipedia.org/wiki/Risk_society

58 https://www.consumer.es/medio-ambiente/los-doce-peores-desastres-ecologicos-del-mundo.html

aparecen los conceptos de sostenibilidad y precaución que se enfocan en medidas preventivas para reducir el nivel de riesgo (probabilidades e impactos).

Ambos autores también concuerdan en que muchas veces los riesgos son asumidos por personas diferentes a los que los crean. Veamos un ejemplo: individuos con riqueza establecen una fábrica que contaminará el agua. Teóricamente, deberían ser los mismos dueños de la fábrica quienes deberían sufrir el impacto de los riesgos que crean. Sin embargo, hay dos argumentos por los cuales no será así. Por un lado, está el efecto riqueza y que, por eso, pueden comprar agua embotellada; por otro lado, está el efecto conocimiento y el mayor conocimiento de los riesgos.

Apetito de riesgo de acuerdo a la cultura

Hofstede Insights es una empresa que realiza estudios y análisis de diferentes países y diferentes culturas en seis diferentes dimensiones: distribución del poder (y distancia entre los más poderosos y menos), individualismo, masculinidad, orientación de largo plazo, indulgencia y evitar la incertidumbre[59].

Esta última dimensión fue la que me llamó la atención dada su relación con la gestión de riesgos. Según la firma, esta dimensión tiene que ver con la forma en que la sociedad lidia con el hecho de que no se puede conocer el futuro con exactitud. Tiene que ver con que si podemos controlar el futuro o si solo debemos dejar que suceda. Según la firma, esta ambigüedad trae ansiedad y diferentes culturas gestionan esta ansiedad de distintas maneras. Algunas sociedades se sienten más amenazadas por las condiciones ambiguas o desconocidas del futuro y crean entonces creencias e instituciones para evitar esos riesgos.

Para esta dimensión utilizan una escala que va de 1 (acepta más incertidumbre y más riesgo) a 100 (acepta menos incertidumbre y menos riesgo). Veámoslo con un ejemplo: para Japón, su score es de 92. Es uno de los países que más trata de evitar la incertidumbre. Su apetito de riesgo es muy bajo. Seguramente, esto tiene su origen en

---

59 https://www.hofstede-insights.com/country-comparison/japan/

el hecho que Japón está constantemente acechado por desastres naturales: terremotos, tsunamis, tifones o erupciones de volcanes. Debido a la incertidumbre de estas circunstancias, el país ha aprendido a prepararse para afrontar estas situaciones (gestionó su riesgo con diversos planes de acción). Estos planes de emergencia, evacuación o precaución, se ha transferido a casi todos los aspectos de su sociedad. Por eso, se dice que en Japón, todo lo que uno hace está preestablecido con anterioridad y la mayor parte de la vida está totalmente prevista con anterioridad y se repite cotidianamente. Esto aplica tanto para la vida cotidiana (escuelas, casamientos, funerales, eventos sociales) como para la vida empresarial (estudios de factibilidad amplios y con innumerables detalles para iniciar cualquier proyecto). En resumen, es una sociedad que evita la incertidumbre (evita el riesgo) y por eso, es muy difícil de realizar cambios.

Figura 21. Tabla de países de acuerdo a su aceptación de la incertidumbre

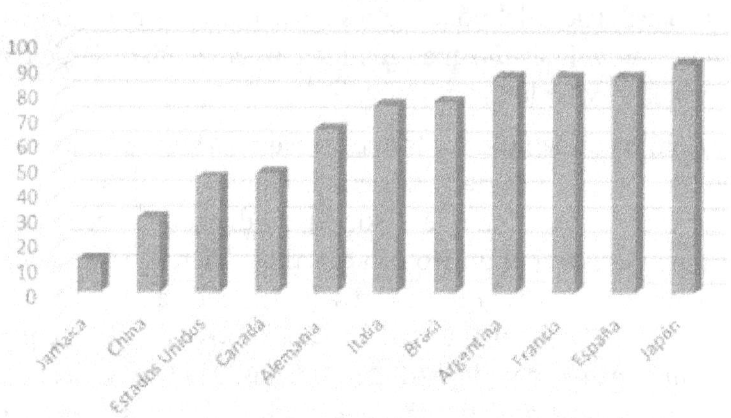

Fuente: Hofstede Insights

En base a esta figura podemos decir que:

- **Canadá** *(48):* acepta mucho la incertidumbre, las nuevas ideas, tecnología, productos innovadores, prueba cosas diferentes, prácticas nuevas. Los canadienses toleran las ideas de otros y favorecen la libertad de expresión. No están tan orientados a las reglas. Aceptan más el riesgo.

- **China** *(30):* están cómodos con la ambigüedad, son moldeables, adaptables y emprendedores.

- **Francia** *(86):* no les gustan las sorpresas; por lo tanto, requieren planeación y estructura. Por ello, son buenos en el desarrollo de nuevas tecnologías y sistemas.

- **Estados Unidos** *(46):* aceptan nuevas ideas, productos innovadores, desarrollando nuevas tecnologías o diferentes prácticas. Toleran nuevas ideas y fomentan la libertad de expresión (a pesar de que desde el 9/11 sienten más miedo como sociedad).

- **Jamaica** *(13):* muy baja preferencia por evitar la incertidumbre o el riesgo. Tienen una actitud muy relajada; se basan en la práctica y no en las normas. No creen en la necesidad de crear reglas. Poca puntualidad y precisión. No temen a la innovación o el cambio.

- **Argentina** *(86):* como todo territorio que dependió de españoles, muestra una necesidad de reglas y sistemas para ordenar su vida; sin embargo, adhiere muy poco a esas normas. Como consecuencia crea un abuso de reglas y normas dado el poco apego a las mismas.

Como se puede observar, cada cultura tiene su apetito y deseo de tomar riesgos. Ciertas características como el clima, desastres naturales o emprendedurismo generan más o menos aceptación de la incertidumbre y riesgo.

CAPÍTULO VIII.
HERRAMIENTAS PARA LA GESTIÓN DE RIESGOS

El Aeropuerto Internacional de Tegucigalpa-Toncontín o, también conocido como el Aeropuerto Teniente Coronel Hernán Acosta Mejía, es un aeropuerto civil y militar ubicado a 6 km del centro de Tegucigalpa, Honduras.

Fue clasificado por el programa Most Extreme Airports de History Channel como el segundo aeropuerto más extremo del mundo. La aproximación al aeropuerto se considera una de las más difíciles del mundo para todos los aviones, especialmente en condiciones climáticas adversas, ya que está rodeado de cerros.

A continuación, se explican las vulnerabilidades de este lugar, las causas, las amenazas, el riesgo y las consecuencias.

Figura 22. Aeropuerto de Tegucigalpa - Toncontín (Honduras)

Fuente: https://hondudiario.com/2020/05/31/aeropuerto-toncontin-se-prepara-para-reiniciar-operaciones/

Vulnerabilidades:

- La pista es corta (2 021 metros).
- Comienza en una pendiente y termina en una quebrada.
- Se ubica en una zona urbana.

- La zona es montañosa.
- Para aterrizar hay que dar una vuelta de 90 grados.

Amenazas:

- Eventual inexperiencia del piloto.
- Clima tropical (tormentoso).
- Tamaño de aeronaves (A320).
- Flujo comercial (625 000 pasajeros en 2018).

Causas:

- Error humano.
- Factor humano intencional.
- Falla en sistema de comunicaciones.
- Evento externo.
- Falla en procesos.

Riesgo:

- Accidente aéreo
- Consecuencias – Impactos:
- Vidas humanas
- Avión siniestrado
- Lucro cesante
- Indemnizaciones
- Demandas
- Pérdida de clientes
- Investigación forense
- Multas
- Desconfianza
- Cierre del negocio

En los siguientes apartados, explicaré cada uno de estos conceptos y cómo identificar los riesgos que podrían impedir la consecución de los objetivos. Asimismo, presentaré ciertos conceptos que sirven para la correcta gestión de los riesgos.

¿Qué herramientas utilizar para la identificación del riesgo?

Causa raíz

El análisis causa raíz es un proceso mediante el cual descubrimos el origen o causa de los problemas de una situación determinada. Esto procura identificar la mejor solución para el problema.

Este análisis busca descubrir la causa de un problema o suceso, comprender cómo resolverlo y busca prevenir problemas futuros de forma más sistemática.

Lo importante es centrarse en corregir y remediar las causas, en lugar de corregir los síntomas. Para aplicar este análisis se debe comprender bien el problema y buscar todas las causas que pudieran afectar. Se debe enfocar, principalmente, en el "cómo" o "por qué" sucedió algo y no en "quién" fue el responsable.

Los 5 porqués

Una de las técnicas más comunes para realizar este análisis de causa raíz es el análisis de cuestionamientos basados en "porqués". La estrategia consiste en examinar cualquier problema y realizar la pregunta: "¿Por qué?" La respuesta al primer "porqué" va a generar otro "porqué", la respuesta al segundo "porqué" te pedirá otro y así sucesivamente, de ahí el nombre de la estrategia "5 porqués". Paso a detallar un ejemplo:

- La lapicera no escribe
- ¿Por qué?
- Porque la tinta está seca.
- ¿Y por qué la tinta esta seca?
- Porque la temperatura es elevada.
- ¿Y por qué la temperatura es elevada?
- Porque se deja junto a la estufa.

- ¿Y por qué se deja junto a la estufa?

- Porque no hay otro lugar.

- ¿Y por qué no hay otro lugar?

- Porque es el único lugar con un porta lapiceras.

- Solución: colocar un porta lapiceras en otro lado.

Este método de los 5 porqués resulta útil para sacar a la luz las causas principales de un problema. Es una herramienta de gestión y análisis aplicable a cualquier área.

Mapa de riesgos

El mapa de riesgos es una herramienta de gestión de riesgos utilizada para identificar, evaluar, monitorear y reportar el nivel de riesgo de una organización. A través de ella, se presenta el nivel de riesgo residual (después del uso de los controles) tanto para los riesgos financieros como los riesgos no financieros. Es una herramienta que se basa en el juicio experto de una segunda línea de defensa. Para cada uno de los riesgos, se establece un nivel: rojo, amarillo o verde, este nivel de riesgo se determina por los principales aspectos del riesgo y planes de acción.

Esta herramienta se puede confeccionar para la organización como un todo y/o para un negocio particular. Para ello, es aconsejable establecer diferentes categorías de riesgo: financiero y no financiero. Asimismo, se pueden establecer diferentes niveles: nivel 1 y nivel 2.

- Riesgos financieros:

- Riesgo de crédito (individuos, empresas, corporaciones, instituciones financieras, gobierno).

- Riesgo de mercado (precios, tipo de cambio, capital, liquidez).

- Riesgo de estrategia

- Riesgos no financieros:

- Reporte financiero e impuestos.

- IT y sistemas de información.

- Crimen financiero y fraude.
- Legal.
- Cumplimiento de normas y regulaciones.
- Personas.
- Modelos.
- Continuidad del Negocio.

Cada riesgo del nivel 1 puede tener subcategorías de riesgo nivel 2. Por ejemplo, en personas, se podrían establecer los siguientes subniveles: capacidad y bienestar.

La herramienta es útil para presentar el nivel de riesgo de la organización a todo nivel (especialmente a la gerencia).

Cada responsable del riesgo (o un responsable general) debe evaluar el nivel de riesgo de cada uno teniendo en cuenta los controles existentes (y su funcionamiento). Es decir, se debe completar de acuerdo al nivel de riesgo residual.

Tabla 6. Evaluación del riesgo

RATING DEL RIESGO	DEFINICIÓN
VERDE	El riesgo se encuentra dentro de apetito de riesgo y en nivel aceptable.
AMARILLO	Se requiere un monitoreo más cercano. El riesgo está sobre el nivel deseado y requiere de acciones para volver a nivel aceptable.
Rojo	Se requieren acciones. El riesgo está ampliamente fuera del nivel aceptable y las acciones no han tenido éxito. Incluso, podría estar fuera del control de la organización.

Fuente: Elaboración propia.

Es importante incluir las acciones o planes de acción que se van tomando para que el nivel de riesgo se encuadre en el apetito de riesgo, detallando las acciones, personas responsables, entregables y fechas de cumplimiento de esas acciones. Asimismo, es necesario ir capturando si el nivel de riesgo aumenta o disminuye, tanto por las acciones tomadas como por otros factores.

Tabla 7. Nivel 1 de riesgos

RIESGO NIVEL 1	EVALUACIÓN	RIESGO NIVEL 1	EVALUACIÓN
RIESGO DE CRÉDITO		Reporte financiero e impuestos	
MERCADO RIESGO ESTRATÉGICO		IT y sistemas de información	
		Crimen financiero y fraude	
		Legal	
		Cumplimiento de normas y regulaciones	
		Personas Modelos	
		Continuidad del Negocio	

Fuente: Elaboración propia.

Tabla 8. Nivel 2 de riesgo de crédito

RIESGO NIVEL 1	RIESGO NIVEL 2	EVALUACIÓN
RIESGO DE CRÉDITO	Riesgo del gobierno	
	Riesgo de instituciones financieras y corporaciones	
	Riesgo de empresas	
	Riesgo de individuos	

Fuente: Elaboración propia.

Riesgos principales y emergentes

Del mapa de riesgos podemos obtener los riesgos principales y los riesgos emergentes. Los riesgos principales son los riesgos más relevantes y que más podrían desviarnos de nuestros objetivos. Por otro lado, los riesgos emergentes son los riesgos nuevos, cuyo impacto va en aumento. Es nuevo en el sentido de que no existía anteriormente y se debe a nuevos procesos, tecnologías, cambios sociales u organizativos, cambios normativos o regulatorios, o por nuevos descubrimientos.

Es emergente en el sentido de que da lugar a que el riesgo aumente (nivel de exposición) o que sus impactos aumenten de por sí.

La identificación temprana de riesgos emergentes es clave para poder anticiparse a sus impactos negativos.

De acuerdo a una encuesta realizada por Gartner, los riesgos emergentes más importantes en el 2020[60] son:

- Cambios en los supuestos estratégicos de las organizaciones.
- Aumento de los riesgos asociados a ciberataques debido a inadecuada seguridad de IT ante el aumento de conectividad.
- Elecciones presidenciales.
- Riesgo de la ubicación de la información y su protección.
- Riesgos de estancamiento económico producto de la pandemia.
- Riesgo de reputación o impacto financiero por una percepción del mercado sobre las acciones medioambientales, sociales o de gobierno corporativo en las organizaciones.
- Riesgos que la inteligencia artificial lleve a violaciones éticas, morales o de cumplimiento.
- Riesgos provenientes de desastres naturales.
- Disputas comerciales entre Estados Unidos y China.
- Cambios demográficos.

Indicadores clave de riesgo

Los indicadores clave de riesgo (KRI, por su sigla en inglés: *Key Risk Indicators*) son métricas utilizadas para determinar el potencial de un riesgo eventual y tomar medidas oportunas. Los KRI son una

---

60 https://emtemp.gcom.cloud/ngw/globalassets/en/risk-audit/documents/top-ten-emer- ging-risks.pdf

especie de alarma que avisa cuando algo no está funcionando como debería [61] [62] . Estos difieren de los KPI (miden performance) ya que los indicadores de riesgo se concentran en prevenir lo que podría suceder. Esto quiere decir que ayudan a anticipar problemas y oportunidades futuras, basándose en la observación de tendencias que puedan afectar a una organización.

El objetivo es que proporcionen información útil sobre los riesgos potenciales que pueden impactar en los objetivos estratégicos de una organización para anticiparse.

Los KRI se pueden establecer sobre los objetivos estratégicos o sobre los objetivos de los procesos o procedimientos. Por un lado, los KRI sobre la estrategia de la organización, procuran anticipar causas que podrían impedir el cumplimiento de esos objetivos estratégicos y anticipar acciones. Por el lado de los KRI, sobre objetivos de procesos, procura identificar esas causas que podrían impedir el cumplimiento de los objetivos de esos procesos.

Estos son algunos de los principios sobre los que se basan los KRI´s:

- Se necesitan sobre los más relevantes (claves).

- Es necesario que sean medibles.

- Que sean predictivos.

- Fáciles de monitorear.

- Tiene que haber una persona responsable del KRI.

- Debe tener una capacidad para detectar/predecir amenazas/ oportunidades.

- Busca controlar el impacto/resultados.

- Debe tener niveles para determinar planes de acción concretos.

- Pueden estar determinados a predecir la probabilidad o el impacto.

61 https://www.google.com.ar/amp/s/www.riesgoscero.com/blog/que-es-un-indicador- clave-de-riesgo-kri%3fhs_amp=true

62 https://bscdesigner.com/es/indicadores-de-riesgo-plantilla.htm

Veamos algunos ejemplos:

- **Nivel de quejas por cada 1 000 clientes:** mide la percepción de la satisfacción del cliente. Ver si está en línea con los niveles históricos.

- **Incidentes de seguridad en el lugar de trabajo:** mide la tendencia de la seguridad y si se cumple con las reglas de seguridad.

- **Niveles de crecimiento de ventas.**

- **Multas o sanciones regulatorias.**

- **Nivel de riesgo de mercado de la organización:** mide la potencial pérdida que podría tener una organización por cambios en condiciones de mercado.

- **Nivel de liquidez:** mide el nivel de liquidez que mantiene la organización, monitoreando la habilidad de la organización de cumplir con sus obligaciones.

- **Cantidad de proyectos con retrasos.** Procura identificar la capacidad de la organización para planear y ejecutar proyectos.

- **Disponibilidad de los sistemas:** monitoreo del nivel de disponibilidad de todos los sistemas.

- **Porcentaje de los empleados que se capacitaron en diferentes ítems.**

- **Número de pagos realizados de manera incorrecta.**

Ahora veamos cómo sería la construcción de un KRI en una institución financiera para su mayor riesgo (crediticio).

1) La institución tiene un objetivo estratégico que es obtener ciertos resultados.

2) Asimismo, procura minimizar su exposición a incumplimientos de sus clientes.

3) Identifica que un riesgo clave, podría estar asociado a una concentración geográfica de su cartera.

4) Establece un KRI como un máximo porcentaje de la cartera en una determinada localización.

5) Establece un gatillador sobre el cual se activarían alertas (cuando se acerque a determinado nivel de concentración en esa localización).

6) Una vez que se alcanza el nivel, se genera la alarma.

7) Se toman las medidas adecuadas, rechazando nuevos créditos en esa localización.

Figura 23. Proceso de establecimiento de un KRI

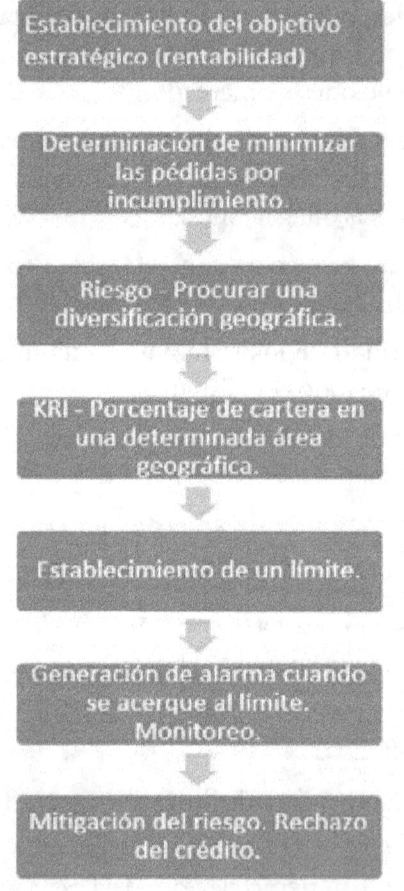

Fuente: Elaboración propia.

Documentación de políticas, procesos y procedimientos

Como parte de la gestión de riesgos, es importante tener políticas, procesos y procedimientos claros y documentados. Estos crearán los estándares requeridos, los pasos necesarios y contribuirán a que los empleados sepan cómo operar y a mitigar los riesgos identificados[63].

- ⊙ Se deben identificar los procesos, las actividades y los controles clave, para establecer los procesos.

- ⊙ Se debe involucrar al personal para la confección de los procesos y se deben actualizar regularmente.

- ⊙ Las normas deben estar documentadas y accesibles en todo momento y en cualquier lugar.

- ⊙ Transmitir la importancia de seguir los procesos para mitigar los riesgos y proteger al negocio.

- ⊙ Es necesario establecer normas adecuadas para los procesos más relevantes de la organización, como ventas, servicio al cliente, manejo del bienestar del personal, condiciones adecuadas de seguridad y salud, uso adecuado de recursos, compras y adquisiciones, inversiones, reclutamiento, entre otras.

Lecciones aprendidas: Hallazgos

> *"He fallado más de 9 000 tiros en mi carrera. He perdido casi 300 partidos. 26 veces han confiado en mí para tomar el tiro que ganaba el partido y lo he fallado.*
> *He fracasado una y otra vez en mi vida y es por eso que tengo éxito".*

MICHAEL JORDAN

De acuerdo al BID (Banco Interamericano de Desarrollo), las lecciones aprendidas son el conocimiento adquirido sobre un proceso, una actividad o sobre una o varias experiencias. Se llega a ese cono-

---

63 https://www.business.gov.au/risk-management/risk-assessment-and-planning/policies- procedures-and-processes

cimiento a través de la reflexión y el análisis crítico sobre los factores que pudieron haber afectado positiva o negativamente[64].

Tanto en la vida personal como en la vida organizacional, mantener este análisis de experiencias pasadas de forma metódica puede dar una ventaja competitiva sobre el resto. En una organización, le permitirá sacar provecho de esos aprendizajes para mejorar su rendimiento y diferenciarse del resto (evitando repetir errores y repitiendo acciones que resultaron adecuadas). El aprendizaje del pasado nos servirá para mejorar nuestra toma de decisiones, gestionar de mejor forma la incertidumbre y mejorar nuestra gestión del riesgo.

Las lecciones aprendidas capturan evidencias e identifican relaciones causa-efecto, acotadas a un contexto específico. Analizando el pasado, nos permite sacar recomendaciones prácticas y útiles para la aplicación o replicación del nuevo conocimiento en otros contextos, y en el diseño y/o ejecución de otros proyectos o iniciativas que se proponen lograr resultados similares.

Siendo el conocimiento y la experiencia previa una fuente importante para la mejora de nuestras decisiones, es necesario incorporar en nuestro modelo de gestión un proceso para identificar esas lecciones de nuestra gestión pasada, que nos permita mejorar el rendimiento.

La documentación de lecciones aprendidas contribuye a incorporar un nuevo conocimiento, su diseminación, aplicación y re-uso a través de la organización.

Una lección aprendida es un "hallazgo" del pasado y expresa la relación entre el resultado de un proceso y/o proyecto, y los factores críticos, condiciones o causas que los facilitaron y/u obstaculizaron.

Se recomienda que estas lecciones aprendidas sean parte de nuestra memoria o de la memoria organizacional y por eso, se deben documentar y dejar por escrito. Es la única forma de mejorar nuestra gestión y que quede en la memoria colectiva. En general, se recomienda describir el hallazgo en tiempo pasado, aunque puede tam-

---

64 https://blogs.iadb.org/conocimiento-abierto/es/como-documentar-lecciones-aprendidas/

bién utilizarse el presente en aquellos casos en los que los efectos y/o condiciones continúan siendo válidos.

Se recomienda redactar las frases enunciando una lección en tres fases:

1. Descripción de las condiciones, causas o factores.

2. Descripción de una situación final, impacto, un resultado, o una consecuencia.

3. Descripción de la acción correctiva.

Las lecciones aprendidas sirven para mejorar nuestra gestión de los riesgos. El aprender de nuestras acciones pasadas nos permite identificar esas causas que nos dificultaron la consecución de objetivos y establecer las acciones adecuadas en el futuro para no repetirlas. Este ejercicio de analizar el pasado nos permite hacer recomendaciones (acciones) concretas para nuestra mejora.

Las recomendaciones son propuestas concretas y accionables, basadas en la consideración de la lección aprendida que ha sido descrita y a través de las cuales, en circunstancias similares, sería posible resolver un problema, mitigar riesgos, repetir o reforzar éxitos. Las recomendaciones deberían incluir un verbo de acción, en tiempo presente, y especificar en la medida de lo posible, los actores de la acción, un marco de tiempo, los medios o recursos, financieros o técnicos que permitieran llevar a cabo la acción.

Aprender de los errores: plan de concientización del riesgo

Thomas Edison dijo: "No fracasé, solo descubrí 999 maneras de cómo no hacer una bombilla". Sus fracasos y errores lo llevaron a, finalmente, tener una lamparita eléctrica.

Un filósofo chino dijo una vez que: "Aprender de nuestros errores es necesario; pero aprender de los errores de los demás es de sabios. Y que los tontos no aprenden nunca".

Por eso, es necesario que las organizaciones establezcan procesos que les permita aprender de sus errores. De igual forma, el mismo proceso debería permitirles a las organizaciones aprender de los errores y mejores prácticas de otras organizaciones.

Siempre hay oportunidades para aprender. Que no hayamos tenido una crisis o que no hayamos sido afectados por algún evento, no significa que la organización no puede beneficiarse de una situación.

Dentro de la gestión de riesgos, es oportuno crear un programa de concientización de riesgo que presente lecciones aprendidas, errores y buenas prácticas de gestión. En estas revisiones, se deben revisar casos de estudio, la secuencia de eventos, las causas de los problemas y los impactos que tuvieron. El foco del ejercicio es identificar cómo gestionaría la organización un evento similar.

Otra buena práctica es realizar visitas y discusiones con otras organizaciones similares, obteniendo las perspectivas y prácticas de otros.

Dentro del programa se debe asegurar que la cultura de la gestión de riesgos este bien diseminada en la organización. Para ello, se requiere que regularmente se den capacitaciones, concientizaciones y charlas (especialmente, con los nuevos integrantes).

Algunas lecciones:

- Conocer la gestión del riesgo: toda la organización debe conocer la gestión de riesgos, especialmente, los accionistas, Junta o gerencia.

- Establecer pesos y contrapesos adecuados: así como no es recomendable tener una alta exposición o concentración en un factor de riesgo o cliente, no es recomendable permitir que un empleado o grupo de empleados tengan tanto poder dentro de la organización (o autoridad) para tomar y exponer a la organización a un riesgo muy elevado. Esto aplica para un trader, una persona que puede hacer grandes compras, inversiones o ventas con financiación. Generalmente, se piensa que establecer pesos y contrapesos (segregación de funciones) tiene un costo para la organización; sin embargo, el costo será superior si pasara algo. Y estos conceptos son condiciones necesarias para un negocio sustentable.

- Establecer límites: identificar las exposiciones, los factores de riesgo y los riesgos que se asumen, y determinar límites que restrinjan los riesgos en todas las categorías identificadas.

- Establecer los incentivos correctos: es necesario incluir métricas y gestión del riesgo en todos los reportes gerenciales de resultados. Es ineludible que la gerencia tenga conocimiento oportuno de los riesgos que enfrenta la organización y pueda tomar acciones cuando sea necesario. Medir solamente resultados, utilidad o crecimiento de ventas no es una buena práctica.

- Recompensar a los empleados por el rendimiento adecuado: es necesario que las organizaciones revisen su forma de compensar a su personal y cómo establecen los inventivos. Estos deben ser los adecuados para asegurar que los empleados tengan el comportamiento y rendimiento esperado. Es necesario alinearlos a favor de la gestión de riesgos. Recompensar a un empleado solo por sus ventas, sin consideración del riesgo, es seguramente una forma de exponer a la organización a mayores riesgos y mayores al apetito de riesgo deseado. Como decía un profesor de la universidad: "Si uno va a una compañía y ve a personas inteligentes haciendo cosas estúpidas, 9 de cada 10 veces es porque les pagan por hacerlo". Establecer una estructura de incentivos inadecuados es una causa raíz de los problemas en muchas organizaciones.

- Balancear el yin y el yang: buena parte de la gestión de riesgos se basa en un área independiente que identifique, mida, reporte, establezca límites y norme. Por un lado, el yin, son las competencias duras (procesos, sistemas, normas, metodologías, reportes, etc.). Por otro lado, las competencias blandas (yang) hace a las personas, cultura, valores, incentivos. En estos, se incluye compromiso de la gerencia con la gestión de riesgos, concientización de la cultura de riesgos y principios, comunicación abierta sobre estos temas, capacitaciones, etc.

Como hemos dicho, no hay recompensa sin asumir riesgos; pero, los riesgos no deben tomarse aleatoriamente o de forma negligente.

Gestión de riesgo de partes interesadas

Para una correcta gestión de riesgos es necesaria la identificación de las partes interesadas en el sistema de gestión de la organización. El concepto de partes interesadas está incluido en la última revisión de ISO 9 001 y es importante revisar su definición, según ISO 9 000: "Parte interesada (*stakeholder*, en inglés) es una persona u organización que puede afectar, verse afectada opercibirse como afectada por una decisión o actividad de nuestra organización".

La siguiente figura muestras ejemplos de partes interesadas de una organización[65]:

Figura 24. Partes interesadas de una organización

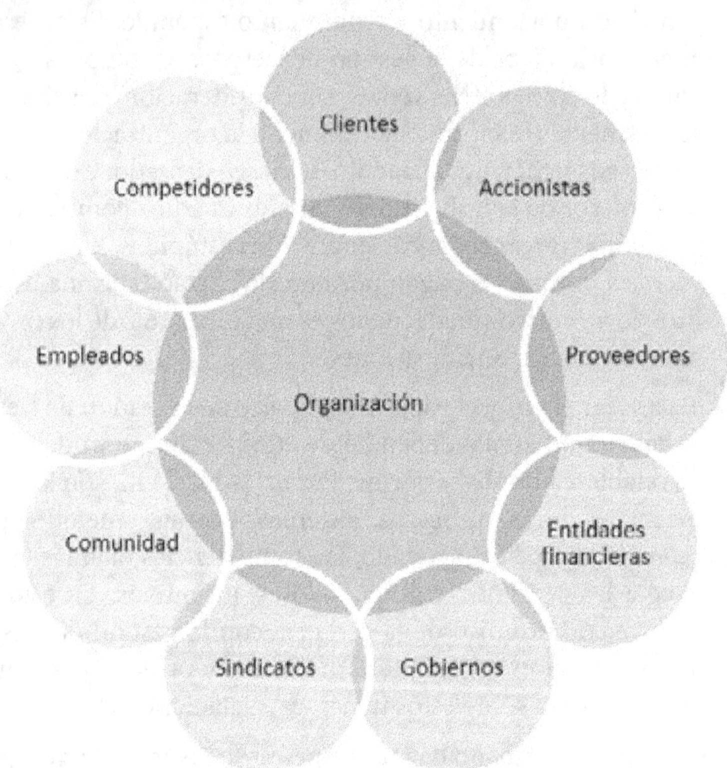

Fuente: Elaboración propia.

---

65 https://spcgroup.com.mx/gestion-de-riesgos-parte-2-partes-interesadas/

Cada uno de estos grupos o partes interesadas tienen diferentes intereses, necesidades y requerimientos. A continuación, se presentan los requisitos de ciertas partes interesadas[66]:

Tabla 9. Requerimientos de partes interesadas

PARTE INTERESADA	REQUERIMIENTOS
CLIENTES	Productos de calidad Calidad de servicio Entrega en tiempo y forma
GOBIERNO	Cumplimiento de normativa Pago de impuestos
EMPLEADOS	Seguridad laboral Cobro de sueldos
PROVEEDORES	Cumplimiento de pago Lealtad
ACCIONISTAS	Rendimiento de su capital Riesgos controlados
ENTIDADES FINANCIADORAS	Repago de préstamos Otorgamiento de otros productos
SOCIEDAD	Aportes a la sociedad Bajo impacto ambiental

Fuente: Elaboración propia.

La gestión de las partes interesadas contiene las siguientes etapas:

a) Determinar las partes interesadas: la organización debe determinar qué personas u organizaciones tienen algún interés en sus decisiones o en sus actividades.

b) Determinar las partes interesadas relevantes o pertinentes: la organización debe determinar qué partes interesadas son relevantes. Estas son las personas u organizaciones de mayor importancia para la organización y que tienen mayor influencia (poder) sobre la misma.

c) Determinar las necesidades / requisitos y expectativas de las partes interesadas relevantes: la organización debe determinar

---

66 https://sgiseo.wordpress.com/politicas-del-sgi/

los requisitos, las necesidades y expectativas de cada parte interesada relevante; es decir, qué esperan conseguir de la organización o qué desean que se realice o suceda.

d)   Determinar los riesgos y oportunidades: una vez identificados los requisitos de las partes interesadas, se deben reconocer los riesgos y oportunidades asociados al incumplimiento de esos requisitos para satisfacer esas expectativas.

Pongamos como ejemplo un restaurante: establece como parte interesada a la municipalidad y provincia; identifica como necesidad el requerimiento de cumplir con la normativa publicada que regula el ruido que hace el lugar. Además, debe satisfacer las necesidades de los vecinos entorno del mismo tema. ¿Cuál es el riesgo si no cumple esta normativa? ¿Qué pasaría si algún vecino denuncia al restaurante por ruidos u olores? Entonces, la no satisfacción de las dos partes interesadas (gobiernos o comunidad) representan el riesgo derivado de sus actividades.

Es por ello, que a la hora de tomar decisiones, la organización debe tener en cuenta la manera en la que sus actividades afectan a las partes interesadas.

La gestión de riesgos no es solo una decisión sobre cuánto riesgo asume la organización; también se trata de determinar cuánto riesgo pueden asumir algunas de sus partes interesadas (por ejemplo, proveedores o empleados). Las organizaciones deben entender y saber que ciertas partes interesadas son tomadoras de riesgo. Así, los administradores de riesgo deben fijar el nivel de riesgo que resulte óptimo para todas las partes interesadas; no solo han de tener en cuenta cómo afecta el riesgo de cada parte a la exposición total de la organización, sino que también deben evaluar la mejor manera de gestionar y distribuir dichos riesgos.

Por ejemplo, si un empleado tiene vínculos con grupos non sanctos o en su tiempo libre realiza actividades peligrosas, puede resultar un riesgo para la organización. Estos riesgos pueden ser: la muerte del empleado, secuestro, accidente, detención, entre otras. Los impactos pueden ser mala reputación para la organización o falta de un recurso indispensable. Otro ejemplo sería el caso de un proveedor que provee la mayor parte de la materia prima que utiliza la organización, pero el proveedor depende exclusivamente de una persona mayor que no cuenta con otro personal que lo puede suceder. El riesgo es que, si sucede algo con esa persona, se corta el suministro de esa materia prima.

La organización debe identificar los riesgos que crean una pérdida potencial, pero también los efectos que tales riesgos pudieran tener sobre otras partes interesadas.

En otros casos, ciertas acciones trasladarán riesgos, costos y beneficios entre ciertas partes interesadas y las decisiones se repartirán de diferente manera entre ellas. Por ejemplo, cuando una organización evita ciertos riesgos puede estar privando a determinadas personas de beneficios a los que de otro modo tendrían acceso. Una organización que reduce el riesgo de lesiones de sus empleados en sus instalaciones mediante la introducción de mejoras en la seguridad (señalización, pisos antirresbaladizos, barandas, etc.) ofrece un beneficio a sus trabajadores (esto tiene un costo para los dueños). Si en lugar de hacer las mejoras, adquiere una póliza de seguros para trasladar dicho riesgo a un tercero, traslada el riesgo a la compañía de seguros (con un costo para los dueños). En estas dos acciones, se cambió la prevención (cambiado la seguridad), ex ante por la indemnización ex post en el caso de accidente.

Está claro que los sistemas de gestión de riesgos requieren recursos; sin embargo, generan valor y sirven para que la sociedad y las diferentes partes interesadas aumenten su confianza en la organización. Esto volverá a la organización más sustentable.

En ciertas ocasiones, es el gobierno (en cualquiera de sus instancias), quien norma o requiere de la gestión de riesgos en las organizaciones (permisos, habilitaciones, requerimientos de seguros, calidad, controles, etc.).

Modelo de tres líneas de defensa

Este modelo nace de la necesidad de coordinar las diferentes tareas de control existentes. Fue creado por la Confederación Europea de Institutos de Auditoría Interna (ECIIA, por sus siglas en inglés). El modelo de las tres líneas de defensa provee un simple y efectivo modo de mejorar las comunicaciones sobre administración de riesgos y control a través de la clarificación de los roles y funciones esenciales.

Este modelo clasifica las áreas funcionales y de responsabilidad de la organización en tres líneas de defensa. Estas están representadas en una serie de niveles de actividad, que garantizan la gestión y supervisión de riesgos de forma eficaz.

Para asumir con eficacia sus responsabilidades, el organismo máximo de gobierno de la organización debe fijar tres líneas de defensa claramente diferenciadas, estableciendo las responsabilidades en cuanto a gestión de riesgos y control. Obviamente, que para organizaciones más pequeñas no siempre se podrá aplicar.

a) Primera Línea de Defensa

La primera línea de defensa recae sobre las áreas operativas que gestionan las principales actividades y son propietarias de los riesgos. Estas áreas también son responsables de la implementación de acciones correctivas para hacer frente a las deficiencias de control (áreas de negocios, áreas financieras).

b) Segunda Línea de Defensa

En la segunda línea se encuentran distintas funciones, dependiendo del tipo de organización y las necesidades específicas. Las funciones más comunes son: gestión de riesgos (realiza un monitoreo y apoyo en la identificación y gestión de los riesgos), gestión de cumplimiento (monitorea riesgos de cumplimiento con las normas externas e internas), legal (verifica el riesgo de cumplimiento con leyes y regulaciones), entre otras.

c) Tercera Línea de Defensa

En la tercera línea se encuentra la auditoría con un enfoque basado en riesgo, quien proporciona un aseguramiento comprensivo basado en el más alto nivel de independencia y objetividad dentro de la organización.

CAPÍTULO IX.
DIFERENTES CLASIFICACIONES DE RIESGO DE ACUERDO A SU TIPOLOGÍA

"Cuando alguien desea algo debe saber que corre riesgos y por eso la vida vale la pena."

PAULO COELHO

A continuación, se presentan las principales clasificaciones de riesgo.

¿Qué es el riesgo de crédito?

El riesgo de crédito se define como la posibilidad de sufrir pérdidas por el incumplimiento de pago de nuestro prestatario[67]. El incumplimiento puede estar causado por la disminución de la solvencia o de la liquidez del prestatario. Sin embargo, también podría deberse a una simple falta de voluntad de pago.

Frecuentemente, el riesgo de crédito es el riesgo que asumen las instituciones financieras al prestar dinero y lo hacen por medio de un contrato. Sin embargo, hay muchas otras ocasiones en las que se involucra el riesgo de crédito y no necesariamente con un contrato de por medio.

Por ejemplo, un taxista nos otorga crédito al trasladarnos a nuestro lugar de destino y aceptar que le paguemos al final del viaje. Si nos bajamos sin pagarle, su análisis crediticio de nosotros no habrá sido el correcto y habrá perdido dinero. Cuando le pagamos por adelantado un trabajo a un herrero asumimos riesgo de crédito, cuando pagamos diez viajes en un servicio de chárter asumimos riesgo de crédito, cuando pagamos un ticket de avión asumimos riesgo de crédito, cuando depositamos dinero en el banco, asumimos riesgo de crédito del banco. Con esto lo que quiero demostrar es que es sumamente común dar y recibir crédito en nuestro día a día, Aunque, por

---

67 https://www.master-finanzas-cuantitativas.com/que-es-riesgo-credito/

lo general, en estos casos, no realizamos un análisis de crédito de la contraparte para conocer su capacidad, voluntad y carácter. En algunos casos, podemos creer que no fallará; pero, no siempre será así.

Las empresas también asumen riesgo de crédito cada vez que venden sus bienes o servicios y no necesariamente tienen los mecanismos adecuados para medir, gestionar y mitigar este riesgo. Algunas empresas tercerizan esta gestión de riesgo de crédito.

Por el lado de las instituciones financieras, normalmente son las más avanzadas en la gestión de este riesgo, siendo que es su principal actividad. Generalmente, los créditos están documentados y basados en contratos, que permiten mejorar la probabilidad y monto de recuperación en caso de un incumplimiento. En muchos casos, incorporar garantías que también mitigan su riesgo de crédito (casa, auto, avales, otros). Veamos algunos de sus principales segmentos de riesgo:

- ***Riesgo de crédito a personas físicas***

Una institución le presta dinero a una persona física (tarjeta de crédito, préstamo personal, préstamo hipotecario, préstamo prendario, préstamo garantizado por un título).

- ***Riesgo de crédito a empresas***

Una institución le presta dinero a una empresa para su negocio (adelanto o préstamo, descubierto en cuenta).

- ***Riesgo de crédito a instituciones financieras***

Realizan préstamos o depósitos en otras entidades financieras.

- ***Riesgo de crédito a proyectos***

Realizan préstamos para la construcción de un proyecto y el repago del mismo provendrá de los flujos que genere el proyecto.

- ***Riesgo de crédito a gobierno y otras entidades del sector público***

Realizan préstamos o adquieren títulos del sector público soberano o instituciones públicas no soberanas (provinciales, municipales, empresas o bancos públicos).

- ### *Gestión del riesgo de crédito en instituciones financieras*

Realizan préstamos a otras instituciones financieras.

Las entidades financieras realizan análisis de riesgo de crédito de cada uno de sus clientes. Aunque en el caso de individuos, por su gran volumen y menor monto a prestar, tienden a establecer ciertos criterios de aprobación, seguimiento y cobro para mejorar su eficiencia.

Si bien los préstamos se otorgan por la calidad del prestatario (capacidad de pago y carácter), las garantías que se incluyen mitigan el riesgo crediticio (y mejoran la eventual recuperación). Por otra parte, las entidades financieras exigen mayores intereses, cuanto más riesgo de crédito haya y mayor sea el plazo.

El mayor riesgo de crédito es el riesgo de incumplimiento del deudor (default). Este tipo de riesgo ocurre cuando un deudor no cumple con sus obligaciones de contrato en un préstamo. Adicionalmente, las instituciones financieras tienen riesgo de crédito cada vez que se deteriora la capacidad de repago del deudor (aumentando la probabilidad de incumplimiento), generando una rebaja en su score crediticio.

Las instituciones financieras suelen establecer "covenants" (elemento de cumplimiento en un contrato de préstamo) en sus préstamos. Un convenio es una condición en un préstamo comercial o emisión de bonos que requiere que el prestatario cumpla ciertas condiciones o que prohíbe al prestatario emprender ciertas acciones, o que posiblemente restringe ciertas actividades a circunstancias en las que se cumplen otras condiciones. Por lo general, la violación de un covenant puede resultar en la declaración de incumplimiento del préstamo, la aplicación de multas o la cancelación anticipada del préstamo. También se puede renunciar a los covenants, ya sea temporal o permanentemente, generalmente a discreción exclusiva del prestamista.

El riesgo se calcula a través de la pérdida esperada (PE) y de la siguiente manera:

> Pérdida esperada = PD * EAD * LGD

PD: Probabilidad de default.

EAD: Exposición al momento de default.

LGD: Pérdida dado el incumplimiento (1 – Recuperación).

Pongamos el siguiente ejemplo: se le otorgará un préstamo a una persona que posee una hipoteca de \$300 000 al 5% de interés a 30 años. El área de riesgos le asigna un nivel de riesgo de 2 (en una escala de 1 a 8), lo que determina una probabilidad de incumplimiento del 2% a 30 años y estima una recuperación, en caso de incumplimiento, del 60%. Por tanto, la pérdida esperada sería:

$$PE = 0{,}02 \times \$300\ 000 \times 0{,}4 = \$2\ 400$$

Cartera de consumo (financiamiento a individuos)

Las instituciones financieras destinan buena parte de sus recursos a financiar a individuos. Entre las diversas variedades que tienen para financiar, se destacan: préstamos de tarjetas de crédito (más corto plazo), préstamos para adquisición de automóviles o similares (con la garantía del bien), préstamos individuales o personales, préstamos hipotecarios (con la garantía de la vivienda) y préstamos garantizados con títulos o certificados de depósitos.

En general, las instituciones evalúan el riesgo de acuerdo a ciertos parámetros:

- Razón de servicio de deuda: deudas totales / patrimonio. Mide el nivel de endeudamiento del deudor.

- Razón de pago de intereses / ingresos: mide la habilidad del deudor de pagar sus deudas. Por otro lado, se mide la razón de deuda total: deudas totales / ingreso.

- Si el préstamo es garantizado o no con un bien (que no tenga restricciones).

- En el caso de préstamos garantizados (prendarios o hipotecarios), se determina el Loan to Value. Loan to Value (LTV) es un ratio de información hipotecaria introducido que mide el porcentaje de deuda sobre el valor del inmueble (valor del inmueble conforme a la última tasación realizada). Típicamente, la relación es de un máximo del 80% procurando que el colateral sea superior a la deuda en todo momento (por eso, es necesario una revalorización del bien).

- En el caso de préstamos contra títulos, se tienen en consideración la calidad crediticia y liquidez de los títulos, y se hace un descuento sobre los mismos. Se valúan los títulos, en el tiempo, para asegurar la adecuada cobertura.

- Se realiza un análisis de cosechas que consiste en visualizar el comportamiento de un determinado número de créditos originados en un mismo período y observarlos en el tiempo para determinar variaciones en su calificación (ya sea un deterioro o una mejora), y así tratar de determinar cuánto peso tuvieron las circunstancias en las que se originó la cartera, sobre todo, las condiciones del crédito con las que fue concedida.

- Uso de burós de crédito para verificar la situación del deudor en el mercado.

- Se crean modelos de scoring para intentar predecir el comportamiento de los deudores a través del tiempo. Por eficiencia, no se analiza individualmente. Se busca estimar la probabilidad de que incumplan en el futuro.

- Se utilizan criterios y métricas para aprobación y seguimiento.

Cartera de microcrédito (financiamiento a pequeñas empresas)

Las instituciones financieras realizan préstamos para capital de trabajo, necesidad de financiamiento de cuentas a cobrar, compra de materiales, pago de salario o inversiones. Asimismo, puede ser un financiamiento para la adquisición de una nueva planta, remodelación o cambio a otra locación.

Cartera comercial (financiamiento a empresas grandes)

Estas empresas tienen acceso a múltiples fuentes de financiamiento, incluyendo bancos, mercado de capitales (emisión de títulos) y proveedores. Este riesgo de crédito a grandes empresas es de baja probabilidad, pero de un impacto alto.

Al momento de concretar un préstamo, se debe considerar la calidad crediticia de la contraparte a través de su capacidad de pago, basado en la proyección de caja (cash flow).

En estos casos, se hace uso del análisis financiero y del juicio experto para exposiciones o riesgos mayores. Se observa la utilidad o ganancia de la empresa contra su nivel de deuda. Se utiliza la razón de servicio de cobertura de la deuda (DSCR) que compara la ganancia antes de intereses, impuestos y amortizaciones (ebitda) contra los compromisos anuales para el pago de deuda. Se estila tener un DSCR mayor a 1,25, asegurando que la capacidad de generación y ganancias de la empresa sea suficiente para cubrir el pago de las obligaciones.

Por otro lado, se analizan los activos y pasivos de la empresa. Se calcula la razón de solvencia o circulante como la razón entre activos líquidos y pasivos líquidos (procurando que los activos líquidos sean suficientes, y mayores, para el pago de los pasivos corrientes). Cuando se otorga un préstamo contra una garantía, se observa el préstamo vs la garantía (*Loan to value ratio*, LTV).

Riesgo de crédito en financiación de proyectos (*Project Finance*)

Para evaluar un proyecto de inversión en el cual el repago provendrá de los flujos que genere el proyecto (y no del balance de una empresa) se deben considerar los aspectos que hacen más o menos fuerte el proyecto.

A continuación, se presenta una metodología para analizar y clasificar los proyectos:

- Estructura e información: calidad de los propietarios y patrocinadores, capacidad financiera de estos, compromiso con el proyecto, características del bien o servicio, estado del vehículo creado, propiedad y control, marco legal, asignación de riesgos, permisos y licencias, información.

- Riesgo de completar el proyecto: contratos de construcción, experiencia de contratistas, fortaleza financiera de los contratistas, equipos ejecutores, estructura de costos, diseño final, inclusión de imprevistos, contingencia y escalamiento, garantías, tiempos de construcción, materiales y suministros requeridos, seguridad del proyecto, seguros.

- Riesgo de operación y mantenimiento: calidad del operador, equipo de trabajo, costos de operación y mantenimiento, reservas, riesgos de suministro y materiales, infraestructura necesaria, riesgo de ingresos por debilidad del comprador del bien o servicio, penalidades por no completar el proyecto, exposición a riesgos financieros, riesgo de demanda, DSCR (debt service coverage ratio, servicio de cobertura de la deuda), ingresos vs costos.

- Riesgo macro o del entorno: riesgo país, régimen legal, institucionalidad de contratos, riesgo de la industria, incumplimientos cruzados, características especiales (dividendos, barrida de caja, derivados, obligaciones contingentes).

¿Qué es el riesgo de mercado?

El riesgo de mercado es la pérdida potencial por cambios en los factores de riesgo que inciden sobre la valuación (de activos, pasivos o derivados) o sobre los resultados esperados. Abarca los riesgos en: inversiones (títulos públicos, títulos privados, acciones), exposiciones con riesgo de tasa de interés, tipo de cambio (FX) o precios de commodities.

Todos, de alguna manera, tenemos exposición al riesgo de mercado. El caso más común es el caso de nuestras inversiones. Sin embargo, también asumimos riesgo de mercado cuando asumimos una deuda a tasa variable (y esta sube, aumentando el pago de nuestros intereses), cuando asumimos una deuda en moneda extranjera (dólares u otra moneda) y esta se aprecia, cuando viajamos al exterior y realizamos gastos en una moneda diferente a la nuestra, cuando una empresa vende su producción al exterior o cuando una empresa exporta un commodity. En todos estos casos, el cambio en las condiciones de mercado va a afectar al resultado. Una gestión de riesgos de mercado adecuada permite asegurar que los riesgos que asumiremos estarán dentro de nuestro apetito de riesgo, que seremos recompensados por el riesgo que tomaremos y nos permite tomar decisiones razonadas. Gestionar el riesgo de precios o de mercado, nos permite preservar de mejor manera el capital y evitar pérdidas inesperadas.

Asimismo, es necesario establecer, definir y controlar diferentes límites a las exposiciones que tengan riesgos de mercado, entre ellos: límites de riesgo, pérdidas, duración, contraparte, país.

Veamos un ejemplo de la herramienta más común utilizada para la medición y gestión del riesgo de mercado el: *Value at Risk* (VaR). Representa la estimación de la pérdida potencial de un portafolio en un horizonte de tiempo a un nivel de confianza establecido. Es una técnica basada en teoría estadística.

VaR define el riesgo como la posible pérdida de valor (con un nivel de confianza del 99%) de un activo (o portafolio) en un horizonte temporal fijo (por ejemplo: 1 día), suponiendo condiciones normales de mercado.

Figura 25. VaR

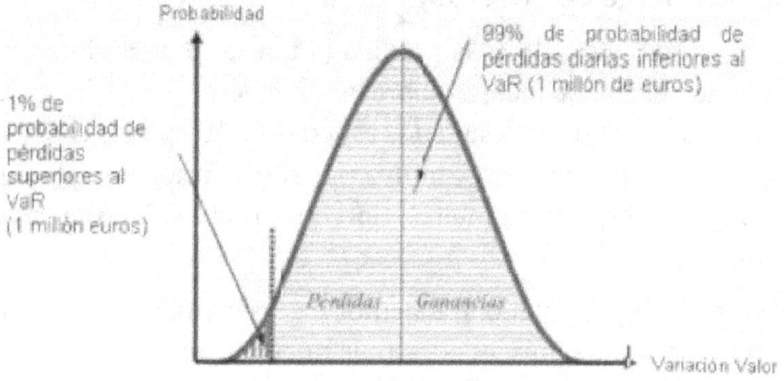

Fuente: Jaureguízar Francés, M. (2009). VaR. Disponible en: https://www.resear- chgate.net/figure/FIGURA-2-Ilustracion-Grafica-de-VaR-para-horizonte-temporal- diario-y-nivel-de-confianza_fig1_274310725

$$VaR = Valor\ posición * 2{,}33 * \sigma * \sqrt{tiempo}$$

Para hacerlo más fácil veamos un ejemplo numérico:

Un productor agropecuario tiene una cosecha de trigo valuada en \$10MM y desea conocer su riesgo de mercado (VaR) con un 99% de confianza en un horizonte de 10 días. El desvío estándar (σ) del precio del trigo es 2%. El Z de una distribución normal para un 99% de confianza es 2,33. Por lo tanto el VaR se calcula así:

$$\text{VaR} = \$10\,000\,000 * 2,33 * 0,02 * \sqrt{10} = \$1\,473\,621$$

Esto significa que 1 de cada 100 días, en condiciones normales, la pérdida en un período de diez días puede ser igual o mayor a $1 473 621; o lo que es lo mismo, que en 99 de cada 100 días la pérdida en esos diez días no será mayor a $1 473 621. Esto le dará una valoración al productor para saber si está dentro de su apetito de riesgo o no; en cuyo caso podría reducir su riesgo vendiendo la producción (o parte) o utilizando instrumentos financieros derivados para mitigar el riesgo al precio de baja del trigo.

Lo mismo se podría realizar para una empresa que tenga exposición, a través de una posición activa (bien) o pasiva (deuda) a cualquier factor de mercado.

Por otro lado, aquí se detallan otras de las herramientas para la identificación de riesgos de mercado:

- Pruebas de estrés: es el análisis para estimar los niveles de pérdida de un portafolio ante una situación de estrés.

- Escenarios: análisis del comportamiento de un portafolio al aplicar cambios hipotéticos o históricos en los factores de riesgo de mercado.

- Conditional Var: C-VaR mide la pérdida esperada una vez sobrepasado el VaR. Proporciona información sobre la magnitud de las pérdidas cuando estas exceden el VaR.

- RAROC (rentabilidad ajustada por riesgo sobre el capital): es una de las principales métricas en los modelos de riesgo-capital. Mide la ganancia esperada como porcentaje del capital económico:

- El RAROC es una herramienta relativa y, por lo tanto, permite comparar entre diferentes alternativas o sirve decidir si un determinado retorno objetivo es alcanzado.

No pretendo complicar con la presentación de la fórmula, sino simplemente presentar que el RAROC es una herramienta que incorpora la rentabilidad esperada y el capital económico (incorpora el capital requerido para absorber las pérdidas hasta una probabilidad preestablecida).

Para establecer el precio de un préstamo, las instituciones financieras establecen que el RAROC de la operación (o puede ser del cliente) sea superior al costo de capital. Esto generará valor económico para la institución.

¿Qué es el riesgo de liquidez?

El riesgo de liquidez, representa el riesgo de que una persona u organización no sea capaz de pagar sus compromisos en el tiempo y forma requeridos según condiciones establecidas.

En el caso de un individuo, este riesgo es el de no poder cumplir con sus compromisos financieros (pagos, deudas o necesidades de liquidez). En general, todos gestionamos la liquidez manteniendo suficiente dinero para nuestras necesidades, gastos cotidianos, eventualidades e imprevistos. Asimismo, debemos planear para cuándo debemos realizar gastos extraordinarios (viajes, inversiones, adquisición de bienes como: casa o autos).

En general, se pueden distinguir tres conceptos de riesgo de liquidez:

- Liquidez de un activo (acción o bono): hace referencia a la facilidad con la que una inversión puede convertirse en efectivo o ser vendida en el mercado.

- Liquidez del mercado: refiere a la liquidez general del mercado o cómo los activos se negocian en él.

- Liquidez de una organización: hace referencia a la habilidad para cubrir obligaciones o fondear aumentos de activos sin incurrir en pérdidas.

Enfocándonos en esta última acepción, el riesgo de liquidez es un evento de baja probabilidad (baja ocurrencia); sin embargo, de presentarse, su impacto será alto o tendría importantes consecuencias.

Toda organización (chica, mediana o grande) debe cuidar su liquidez y garantizar cumplir con sus obligaciones y su giro de negocios. En una institución financiera es más crucial aún, ya que depende de la confianza de sus depositantes (o prestamistas) en su solvencia y liquidez. Un simple rumor puede hacer que la gente retire sus depósitos y deje de fondear a la institución, creándole problemas de liquidez.

Las organizaciones mantienen caja y liquidez para poder realizar sus transacciones usuales de negocios: pagar salarios, pagar insumos e inventarios, otros gastos diarios del giro de negocios, cubrir las diferencias entre ingresos y egresos de fondos, cubrir necesidades de emergencia o realizar inversiones (préstamos, mercados financieros o en otros activos).

Como todo riesgo, la gestión del riesgo de liquidez requiere un balance. Es el balance entre mayor liquidez (mayor seguridad, menor probabilidad de enfrentar problemas de liquidez, incumplimiento) y una menor liquidez (mayor rentabilidad y un menor costo asociado a la liquidez). Se debe así buscar el balance adecuado entre riesgo y rentabilidad, de acuerdo a la situación de la organización, mercado y apetito de riesgo.

Todos los activos y pasivos de una organización tienen una relación entre liquidez y rendimiento. Activos de menor plazo (caja, depósitos) tienen un mayor grado de liquidez, pero menor rendimiento. Activos de mayor plazo (inversiones en empresas o bienes raíces) tendrán mayor rendimiento, pero menor liquidez.

Por el lado de los pasivos, un pasivo de corto plazo tendrá un menor costo; pero, tendrá un riesgo al momento de renovarlo (si es que cambian las condiciones de mercado o de la organización). Pasivos de mayor plazo permitirán asegurar la liquidez durante mayor tiempo, pero tendrán un costo superior.

Los eventos que podrían afectar la liquidez de una organización son de dos tipos: a) específicos de la organización (terceros pierden la confianza en la misma) o b) sistemáticos (que afectan al mercado, en general, y se reduce la liquidez fuertemente).

Un buen marco de gestión de liquidez requiere de varios elementos:

- **Buen gobierno corporativo:** asignación de roles y responsabilidades claras. Establecimiento de políticas con lineamientos de liquidez. Líneas de mando.

- **Definir un apetito y tolerancia de riesgo:** establecer cuál es el apetito de riesgo que se desea asumir. Establecimiento de diferentes límites y de la liquidez necesaria.

- **Contar con herramientas de medición y monitoreo del riesgo:** establecer los modelos y metodologías, escenarios y supuestos. Métricas.

- **Contar con escenarios de estrés:** simular un escenario sobre la liquidez de la organización en un horizonte de tiempo determinado. Definir los impactos y planear acciones ante ellos.

- **Gestión de colateral, garantías o contingentes:** identificar aquellas situaciones que podrían determinar la necesidad de entregar liquidez.

- **Diversificación del fondeo:** realizar una eficiente diversificación del fondeo a través de contrapartes, tipos de líneas, monedas, geografías, vencimientos. Identificar fuentes alternas de fondeo.

- **Contar con un plan de contingencia de liquidez:** contar con un plan para gestionar la liquidez si suceden situaciones inesperadas. Diseñar el plan para contar con gatilladores y acciones concretas para ir gestionando la liquidez.

- **Contar con activos de buena calidad y líquidos:** mantener activos de buena calidad y con liquidez sin restricciones legales ni regulatorias que pueden servir en momentos de necesidad.

- **Comunicación y reporte:** contar con mecanismos transparentes, eficientes y oportunos de comunicación de la liquidez a las instancias necesarias y a todas las partes interesadas.

¿Qué es el riesgo operacional?

Anteriormente, se decía que el riesgo operacional era el riesgo que no era riesgo de crédito o de mercado. Actualmente, es la posibilidad de ocurrencia de pérdidas financieras por deficiencias o fallas en los procesos internos, en la tecnología de información, en las personas o por ocurrencia de eventos externos adversos. Los riesgos operacionales más comunes tienen que ver con errores o fallas de las personas (al realizar sus tareas o tomar decisiones), fallas de los procesos (no se estableció bien cómo era el proceso o serie de actividades), fallas en la tecnología (caída de un sistema, conexión, pérdida de información) y eventos externos (pandemias, terremotos, robos, inundaciones, etc.). En resumen, tiene que ver con:

Figura 26. Riesgo operacional

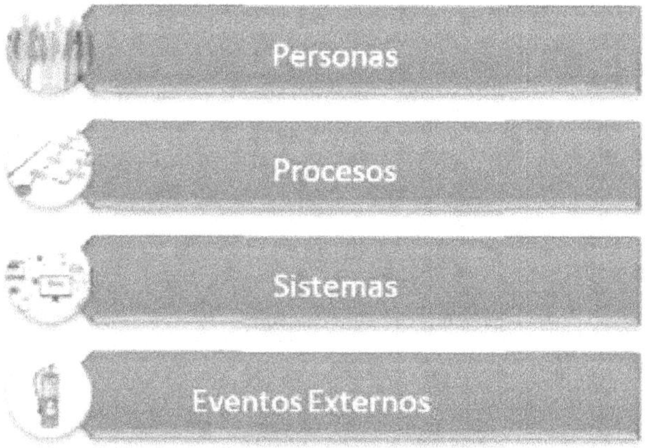

Fuente: Elaboración propia[68].

Cada vez que hacemos algo, corremos un riesgo operacional. Se nos cae un plato, se nos pincha una rueda, se nos cae la conexión de internet, nos roban la billetera, viene un huracán.

En organizaciones, el riesgo operacional está también presente y afecta a todas las actividades de negocios; por lo tanto, se debe gestionar de manera integral. La implementación de un marco de gestión de riesgo operacional adecuado minimizará las pérdidas, au-

---

68 https://www.bbc.com/mundo/noticias-48958753

https://retos-operaciones-logistica.eae.es/es-interesante-contar-con-un-diagrama-de-procesos-en-tu-empresa/

https://www.mindomo.com/es/mindmap/teoria-de-sistemas-16883e139812499bb 4f777370f b618a2

https://www.bioseif.com.ar/melisam-matafuego-polvo-abc-10kg--det--INMA013

mentará los beneficios y mejorará la eficiencia institucional. Por ello, la gestión de riesgo operacional debe seruna actividad permanente.

En la siguiente tabla se muestran algunos ejemplos de eventos de riesgo operacional:

Tabla 10. Eventos de riesgo operacional de 2017

ORGANIZACIÓN	MONTO	DESCRIPCIÓN
Bndes	Us$2,52 bn	Actividades ilegales entre una subsidiaria del banco y una compañía procesadora de carne. Las transacciones no tuvieron la adecuada diligencia y no siguieron los requerimientos contractuales.
Shoko chukin bank	Us$2,39 bn	Los empleados del banco manipularon los procesos aprobatorios de crédito para otorgar créditos falsificando la documentación, con el fin de cumplir objetivos de ventas.
Woodbridge group	Us$1,22 bn	Creación de un esquema ponzi en el cual obtuvieron más de 8 000 inversores en cinco años.
Societe generale	Us$1,18 bn	El banco debió pagar por haber obtenido transacciones sobre la base de fraudes y sobornos a su favor, respecto de una contraparte.

Fuente: Risk.net[69]

Se destacan también otros eventos anteriores: errores en modelos de valuación, transacciones no autorizadas, conflictos de interés, falta de transparencia en operaciones, errores de registro, fallas en procesos, inseguridad en el lugar de trabajo, malas prácticas de negocios, desastres naturales, fallas de la infraestructura y tecnología.

Entre las herramientas más comunes para la gestión del riesgo operacional encontramos:

- Recolección eventos y armado de una base de eventos: recopilación de los eventos, pérdidas e incidentes.

- Indicadores de riesgo operacional: indicadores que den seguimiento, de manera preventiva, a posibles riesgos operacionales (por ejemplo: incidentes de fraude).

---

69 Risk.net

- Evaluación de los procesos y actividades de los procesos: valoración de los riesgos y controles de los procesos.

- Revisión y actividades de los procesos: identificación de los riesgos y factores de riesgo más importantes para el establecimiento de controles.

- Establecimiento de planes de acción para la mitigación de los riesgos identificados.

- Reporte y comunicación.

Los eventos o incidentes de riesgo operacional pueden o no tener una consecuencia económica; sin embargo, es recomendable gestionar y analizarlos independientemente de su consecuencia.

¿Qué es el riesgo de interrupción?

El riesgo de interrupción es un evento, previsto o imprevisto, que puede alterar el curso normal de las operaciones de una organización; es decir, que impide seguir operando.

En el caso del riesgo de interrupción, con respecto a los individuos, podemos señalar, tomando un ejemplo actual, como ante la llegada del coronavirus, todos salimos a abastecernos en exceso para contar con víveres, comida y demás en caso de que fuera necesario. En las organizaciones, se refiere a los eventos que pueden crear un cese de las operaciones. La misma pandemia afectó, de forma diferente, a distintas organizaciones. Ciertamente, muchas organizaciones sufrieron pérdidas considerables o incluso dejaron de existir.

Para gestionar adecuadamente el riesgo de interrupción, se debe establece un Sistema de Gestión de Continuidad del Negocio como el marco bajo el cual se identifican, miden, evalúan y gestionan los riesgos que pueden afectar la continuidad del negocio, con el fin de que la organización se encuentre preparada para reaccionar de manera adecuada y oportuna, desde el momento en que acontezca un incidente o crisis hasta que el mismo sea gestionado y se retorne a la normalidad.

Este Sistema de Gestión de Continuidad del Negocio debe contar con dos fases:

1. Fase de prevención: en esta fase, se identifican las necesidades y prioridades del negocio. Esta información sirve de fundamento para la creación de los diferentes planes y herramientas que conforman el Plan de Continuidad del Negocio.

2. Fase de respuesta (incidentes o crisis): en esta etapa, se evalúa la situación que acontece, se activan los planes y herramientas para responder, y se retorna a la normalidad una vez finalizada la situación.

En la fase de prevención, se deben:

- Identificar los riesgos críticos para establecer medidas preventivas y correctivas que aseguren la continuidad del negocio.

- Diseñar herramientas que permitan proteger los activos críticos del negocio (personal, aplicativos, información, registros, instalaciones, etc.) ante la materialización de una interrupción para disminuir el impacto financiero o reputacional que esta podría causar.

- Conocer y entender los intereses y necesidades de todas las partes interesadas, y asegurar que estas sean consideradas en el diseño de las herramientas de respuesta a eventos de interrupción.

- Establecer estrategias operativas de continuidad del negocio adecuadas que permitan la pronta recuperación ante un evento de interrupción.

- Establecer los roles y responsabilidades del personal clave e instancias necesarias.

Entre los principales planes para responder a los incidentes o crisis, se destacan:

- Plan de crisis: describe los pasos que se deberán seguir para responder efectivamente a una crisis (evento o serie de eventos que podrían afectar severamente o que tiene el potencial de afectar severamente las operaciones críticas de la institución, la reputación, la habilidad general de hacer negocios o sus relaciones con partes interesadas críticas).

- Plan de incidentes: permite responder a eventos menores que pudieran constituir o redundar en una interrupción del negocio alterando el curso normal de las operaciones de la institución. Si un incidente no es gestionado adecuadamente, este podría evolucionar a una crisis.

- Plan de emergencias: incluye las actividades para responder ante una emergencia (evento que pone en riesgo la vida de las personas y la seguridad, y funcionamiento de las instalaciones físicas). Incluye procedimientos de evacuación de las instalaciones.

- Plan de comunicación en crisis: establece los pasos a seguir para comunicarse con las partes interesadas (tanto externas como internas,) ante la materialización de un incidente o crisis.

- Plan de recuperación de desastres: establece los lineamientos para responder a eventos no previstos que ponen en peligro la infraestructura tecnológica, compuesta por hardware, software y redes.

- Plan de operación en contingencia: describe las actividades que realizará el personal crítico en un centro alterno (o en su hogar), asegurando la continuidad de las operaciones y procesos críticos.

Por último, las principales herramientas de gestión son:

- Análisis de riesgos: es el proceso de identificar, analizar y evaluar los riesgos. Permite visualizar el nivel de riesgo al que está expuesta la organización e implementar controles para prevenir y reducir el impacto de los eventos de riesgo.

- Análisis de impacto al negocio: es el proceso de analizar las actividades de la organización y el efecto que una interrupción podría tener sobre ellas. Permite determinar la necesidad y prioridad de recuperación de los procesos críticos e identificar los recursos críticos para operar ante un evento de interrupción.

- Ejercicios y pruebas: proveen una práctica y evaluación del estado de la institución ante un evento de interrupción y permite la mejora continua de las capacidades de recuperación, asegurando que los planes y herramientas de gestión de continuidad permanezcan vigentes.

- Capacitación y concientización: se debe fomentar e implantar una cultura organizacional de gestión del riesgo de interrupción.

- Determinación del apetito de riesgo de interrupción: determinación del riesgo de interrupción que se está dispuesto a asumir. Si el período es muy corto, el costo de implementar planes y acciones será mayor.

¿Qué es el riesgo legal?

Este tipo de riesgo es la probabilidad de pérdidas o interferencias a un negocio derivadas, principalmente, de transacciones defectuosamente documentadas, reclamos o acciones legales, protección legal defectuosa de los derechos/activos de la empresa y/o desconocimiento normativo o cambios en la ley o su interpretación[70].

El Comité de Supervisión Bancaria de Basilia define el riesgo legal "como la posibilidad de ser sancionado, multado u obligado a pagar daños punitivos como resultado de acciones supervisoras o de acuerdos privados entre las partes".

El riesgo legal es una parte natural de cualquier actividad económica o de negocios, y sus consecuencias pueden llevar al cierre o intervención de una empresa o negocio.

Tanto las organizaciones, como los consumidores, deben sujetarse a un marco legal para llevar a cabo sus relaciones comerciales. A continuación, se presentan los principales riesgos legales para una organización:

- Riesgo inherente a la documentación: es el riesgo que surge de la inadecuada o nula formalización de operaciones, instrumentos laxos o muy particularizados, que dificulten su interpretación y ejecución o que no sean idóneos para la función para la cual se implementan y que, por esa razón, resulten susceptibles a un mayor número de demandas.

- Riesgo inherente a la legislación y cumplimiento: es el riesgo que surge de que una operación no pueda ser ejecutada por

---

70 https://www.sib.gob.gt/c/document_library/get_
file?folderId=4528328&name=DL FE-29601.pdf

prohibición, limitación o incertidumbre en la legislación o por errores en la interpretación de la misma.

- Riesgo inherente a la capacidad: se define como el riesgo que una de las partes de la operación no estén facultadas para cumplir con los deberes y obligaciones exigibles derivado de la realización de un acuerdo o que tengan algún impedimento para poder comprometerse o ejecutar los acuerdos realizados.

Los impactos de dichos riesgos podrían ser: multas, sanciones, condenas, pérdida de reputación, falta de exigibilidad o lucro cesante. Pero la buena gobernabilidad de una organización requiere anticipar el impacto de las decisiones tomadas, así como evaluar las consecuencias y el alcance de los riesgos asumidos.

La evaluación de los riesgos legales hace posible una mejor planificación de las acciones y la toma de decisiones.

Es necesario que las organizaciones identifiquen de forma sistemática las posibles causas concretas de riesgo legal, así como los diversos y posibles efectos que debe afrontar la organización.

Gestión del riesgo contractual

De acuerdo al Código Civil y Comercial argentino, el contrato es un acto jurídico en virtud del cual dos o más partes acuerdan crear, regular, modificar, transferir o extinguir relaciones jurídicas de índole patrimonial.

El contrato se basa en los principios de: a) autonomía de la voluntad (las partes pueden contratar libremente); b) no se vean afectados el orden público, la moral y las buenas costumbres) y c) buena fe. Asimismo, están basados en la capacidad para contratar (la persona sea mayor de edad y no pesaren sobre ella declaraciones de incapacidad o inhabilitación) y el consentimiento (libremente y sin ningún tipo de coacción, de engaño o de error)[71].

Una vez concluido el acuerdo (contrato), las partes deberán someterse a lo estipulado como si ello fuera la ley misma (denominado: efecto vinculante de los contratos).

---

71 https://www.conceptosjuridicos.com/ar/contrato/

Entre los elementos de los contratos podemos identificar:

- El objeto (materia sobre la que versa). El objeto debe ser lícito, posible, determinado o determinable, de interés para las partes y pasible de valoración económica.

- La causa (el por qué y el para qué se contrata). La causa debe existir desde el momento de la formación del contrato y hasta su celebración y ejecución.

- La forma (si debe hacerse por escritura pública, por documento privado, por escrito, con testigos, etc.).

Muchas personas y empresas recurren a contratos cotidianamente. En cuanto a los individuos, lo hacen en una relación laboral, cuando adquieren una vivienda, cuando toman un préstamo, cuando alquilan una casa, cuando sacan un pasaje de avión, entre otros ejemplos. Por el otro lado, las empresas, lo hacen con cada adquisición a un proveedor, con sus ventas, con la contratación de la seguridad de las instalaciones, con la contratación de un consultor, entre otras.

La mayoría de los acuerdos legales o contratos se cumplen conforme fueron pensados y establecidos en los cuales las dos partes obtuvieron lo que esperaban. Sin embargo, una parte importante de los contratos que se celebran no llegan a buenos términos; incluso, algunos que llegaron a buenos términos pudieron haber generado problemas entre las partes si hubiera sucedido algo que no estaba previsto o que estaba mal o poco claro.

Cuando las partes tienen diferentes interpretaciones sobre las responsabilidades y obligaciones de cada una de ellas, se generan problemas, pérdidas económicas y pérdidas de tiempo. Además, se presenta la necesidad de acudir a la justicia para resolver la situación. Por otro lado, la resolución puede ser contraria a los intereses de la parte.

Esto es el riesgo contractual. Por ello, se requiere una gestión de los riesgos que se derivan de las relaciones contractuales y que ayuda a las personas y/u organizaciones a optimizar las relaciones con otras personas o empresas para mejorar los procesos de negocios, gestionar los costos, administrar los riesgos efectivamente, fortalecer las relaciones y aumentar el rendimiento. En resumidas cuentas, en aumentar las probabilidades de cumplir los objetivos que se plantean.

El objetivo de la gestión del riesgo contractual es identificar, establecer y prevenir sucesos que signifiquen peligros o amenazas para las personas o empresas[72].

La gestión del riesgo contractual es una de las áreas que han cobrado mayor relevancia en las organizaciones en el último tiempo y requieren de toda la atención de los responsables de todas las áreas, que mantienen relaciones contractuales con terceros.

Los riesgos son la posibilidad de que los acuerdos transaccionales no sean cumplidos debido a contingencias de todo tipo. Los impactos son las pérdidas económicas, demoras, gastos adicionales y hasta podría afectar la reputación.

En muchas ocasiones, el riesgo contractual tiene su origen en las fallas en los departamentos legales de las empresas, en los cuales no existían resguardos para prevenir los riesgos de incumplimiento en los contratos. Incluso, en el ámbito privado, no siempre se identifican esas zonas grises que pudieran generar un problema en el futuro. Muchas veces, no queda claro cuál será la fecha de cumplimiento de una obligación o no queda claro qué pasará si no se cumple en tiempo y forma o no se deja claro cómo se cumplirá cierta obligación.

El sistema tradicional empleado por los abogados para enfrentar posibles amenazas de incumplimiento en los contratos había sido el reactivo; es decir, estaba orientado en responder una vez que los sucesos negativos ya hubieran ocurrido. Incluso, cuando se establecían mecanismos de protección en los contratos, estos solo se aplicaban una vez que los hechos generaban perjuicios, pero con muy poca atención a los aspectos preventivos.

Así, la gestión del riesgo consiste en identificar y prevenir eventos no deseados que puedan acarrear consecuencias negativas. Esta área busca reducir y gestionar adecuadamente el riesgo de que los contratos privados o empresariales puedan no cumplirse, prevenir situaciones negativas y, a la vez, optimizar contratos con otras entida-

---

72 https://www.webdox.cl/blog/la-gestion-del-riesgo-contractual-como-herramienta-de- negocios

des, para establecer mecanismos que resulten atractivos para ambas partes.

Se pretende crear mecanismos de protección dentro de un sistema establecido y preventivo. Por lo anterior, se debe tener una visión proactiva, hacia el futuro, explorando posibles situaciones de riesgo y amenazas antes de que se presenten, y estableciendo medidas que eviten su impacto negativo.

La gestión de riesgo contractual debe ser considerada como una parte del manejo total de la empresa, en la medida en que involucra a todas las áreas y su eficiencia. Las herramientas para gestionar los riesgos incluyen:

- Identificación de riesgos legales.

- Establecimiento de mecanismos de solución según las leyes aplicables.

- Análisis de riesgos comerciales (no solo legales).

- Inclusión de los riesgos en los contratos.

- Reducción o eliminación de los riesgos antes de que se presenten.

- Establecimiento de cláusulas en los contratos que prevean situaciones no reguladas legalmente.

- Aplicación del modelo preventivo, que busca evitar situaciones que podrían llevar a conflictos o incumplimientos.

El análisis de la gestión de riesgo debe ser incorporado en los contratos, por medio de la inclusión de aquellos aspectos que han sido definidos como de riesgo potencial, tanto desde la perspectiva legal como respecto a los riesgos financieros o empresariales.

Los contratos deben incluir aspectos que se refieren a lo estrictamente legal, así como asuntos no sujetos a una normativa específica, pero que son relevantes para las partes involucradas. Estos aspectos deben cubrir los riesgos de responder al evento negativo, sino también enfocándose en la mitigación de sus efectos.

Adicionalmente, es imprescindible dar seguimiento a todas las cláusulas contractuales para disminuir el riesgo de multas o sanciones por incumplimiento de las mismas.

A continuación, se presenta un contrato de locación y, posteriormente, se identifican ciertos riesgos no contemplados en el contrato, que pudieran ser objeto de inconvenientes en el futuro:

CONTRATO DE LOCACIÓN

Entre el Instituto Provincial del Seguro (IPS) representado en este acto por su presidente Dr. José Pérez - DNI N.º XX, con domicilio constituido en calle AA, de la ciudad de Viedma, Capital de la Provincia de Río Negro, en adelante EL LOCATARIO, por una parte y por la otra la Señora María López DNI N.º YY con domicilio en: BB de la localidad de Fernández Oro (RN), en adelante denominada EL LOCADOR, convienen en celebrar el presente CONTRATO DE LOCACIÓN, sujeto a las siguientes cláusulas:

PRIMERA: OBJETO: EL LOCADOR cede en locación al LOCATARIO, y este acepta, el inmueble de su propiedad, sito en calle San Martín 1320 de la localidad de Fernández Oro (RN).

SEGUNDA: ESTADO: El local se encuentra en buen estado de conservación y mantenimiento, comprometiéndose el LOCADOR a conservarlo y resguardarlo para su correcta devolución a la finalización contractual o rescisión del contrato.

TERCERA: PLAZO: El plazo de la presente locación se estipula en VEINTICUATRO (24) meses contados a partir del 01 de mayo de 2015, con vencimiento el día 30 de Abril de 2017; con opción a prorroga por igual período, previa conformidad de ambas partes.

CUARTA: RESCISIÓN: EL LOCATARIO podrá rescindir el presente contrato en todos sus términos, debiendo notificarse en forma fehaciente su decisión a EL LOCADOR, con una antelación mínima de treinta (30) días a la fecha en que se reintegrará lo arrendado, sin que ello surja derecho alguno de indemnización por parte del LOCADOR.

QUINTA: CANON LOCATIVO: El canon locativo del presente CONTRATO DE LOCACIÓN, se pacta en la suma de PESOS TRES MIL ($3.000,00) Mensuales para el primer año y la suma de PESOS TRES MIL QUINIENTOS ($ 3.500,00) para el segundo año; pagaderos por mes adelantado del uno (1) al diez (10) de cada mes contra presentación del Recibo de pago correspondiente.

SEXTA: DESTINO: El local motivo del presente será utilizado por el LOCATARIO, para el funcionamiento de la Delegación IPS en dicha localidad.

SÉPTIMA: SERVICIOS: correrá por cuenta del LOCATARIO, durante el período en que se extienda la presente locación, el pago del consumo de luz eléctrica, gas, teléfono, mientras que los gravámenes impositivos relativos a la propiedad estarán a cargo del LOCADOR.

OCTAVA: SELLADOS: EL LOCADOR deberá sellar el presente contrato en un 50% de la alícuota vigente que por Ley corresponde.

NOVENTA: JURISDICCIÓN: Las partes acuerdan expresamente que cualquier emanada de la presente locación será dirimida por los Tribunales Ordinarios de la Ciudad de Viedma (RN), renunciando desde ya a cualquier otro fuero o jurisdicción, y estableciendo como domicilios procesales los arriba indicados.

En prueba de conformidad se firman tres ejemplares de un mismo tenor y a un solo efecto en la ciudad de Viedma, el día 11 del mes de Noviembre de 2.015.

0R iesgos no identificados o no contemplados en el contrato:

+ *SEGUNDA:*

¿A cargo de quién correrán los gastos de reparaciones que se den durante el transcurso del contrato (locatario o locador)?

¿Qué acciones deberá tomar el locador al devolver el local (pintar, reparar, cambiar)?

¿Cómo se llevarán a cabo las acciones necesarias si el inmueble sufriera daños?

+ *TERCERA:*

¿Cuál es la penalidad por no entregar el inmueble en la fecha establecida?

+ *CUARTA:*

¿Qué sucede si el locador desea rescindir el contrato?

+ *QUINTA:*

¿Cuál es el costo en el caso de que el locador no pague en tiempo y forma?

♦ *SÉPTIMA:*

¿Cómo se determinarán los gastos de luz, teléfono, etc.?

¿Quién se haría cargo de un gasto extraordinario?

♦ *CLÁUSULAS FALTANTES O RIESGOS NOIDENTIFICA-DOS:*

¿No existe una garantía por parte del locador?

¿Se pueden realizar mejoras al inmueble?

¿Cómo se gestionarían acciones que requieran medidas urgentes?

¿Puede el locatario revisar el inmueble eventualmente?

¿Quién debe mantener asegurado el inmueble y contra qué riesgos?

¿Cómo se gestionarán los incumplimientos de cualquiera de ambas partes?

¿Qué pasaría si por fuerza mayor (incendio, guerra, expropiación) el locatario no pudiera hacer uso del inmueble?

Algunos de estos riesgos podrían ser mitigados o solucionados por las normas o leyes locales; sin embargo, es mejor que queden debidamente regulados en el contrato.

Detectar riesgos y manejarlos dentro de los contratos es una práctica que resulta cada vez más necesaria, para prevenir situaciones no deseadas y adelantarse a sucesos negativos.

¿Qué es el riesgo del recurso humano?

> *"El activo más valioso con el que puede contar una empresa hoy en día es el capital intelectual de sus empleados".*

La gestión de riesgos del talento humano juega un papel vital en las organizaciones de todos los tamaños. Influye en todas las decisiones y en todos los aspectos de los negocios. Las organizaciones son más efectivas si gestionan su capital humano con un carácter estratégico. De esta manera, incrementan su valor y eficiencia y logran su misión a través del desarrollo de las personas y su alineamiento alrededor de valores, una visión compartida y conjunta.

Pero, ¿cuáles pueden ser los principales riesgos estratégicos del recurso humano?

- Debido a la falta de promoción y difusión de valores de la institución y/o del personal (integridad y ética), se podrían generar faltas a los principios y valores éticos en la toma de decisiones, ocasionando pérdidas económicas y daños a la reputación de la institución.

- Debido a un deficiente seguimiento del personal, por cambios en el entorno, cambios organizacionales o mayor carga de trabajo, podría haber falta de capacidad del personal y se produzcan eventos operacionales, un bajo desempeño laboral y una deficiente gestión organizacional.

- Debido a escaso reconocimiento, carga excesiva de trabajo, ambiente laboral desfavorable, falta de incentivos, exceso de presión, se produce un clima laboral desfavorable y afecta a la motivación del personal y la productividad.

- La falta de capacitación o la falta de pertinencia en los contenidos de las capacitaciones, deficiente seguimiento del personal, cambios en el entorno o cambios organizacionales podrían resultar en que el personal no sea el adecuado para el puesto, limitando el fortalecimiento del capital humano y su impacto en la organización.

- Por la falta de un plan de carrera, un plan de crecimiento (personal y profesional) o por desmotivación laboral, incrementa el índice de rotación del personal o pérdida de recurso humano calificado, ocasionando inconvenientes para el cumplimiento de las metas y costos a la organización.

Siguiendo, ubicamos las causas de los riesgos asociados a las personas:

- Contratar personal sobredimensionado o con sobreperfil; es decir, con un perfil muy superior al requerido para la posición.

- Contratar personal subcalificado o con un perfil inferior al requerido para ocupar el puesto de trabajo.

- Deficiente diseño de los puestos de trabajo determinando un perfil del cargo inadecuado o inconsistente con la actividad y los procesos que involucra.

- Contratación de personal "referenciado" por directivos o por la alta gerencia, predominando el "amiguismo", omitiendo así el debido proceso de reclutamiento, selección y empleo.

- Política de remuneración y compensación poco competitiva, poco justa o subvalorando los puestos de trabajo.

- La no realización de las pruebas e investigaciones a los candidatos a ocupar puestos en la organización.

- Trato preferencial con ciertos empleados para establecer asignaciones económicas especiales.

- Selección arbitraria para el programa de capacitación o formación a discreción.

- Evaluaciones de actuación o desempeño del trabajador, cargadas de subjetividad.

En definitiva, para una gestión exitosa de riesgos del recurso humano, que genere un incremento de la productividad, se deben establecer acciones en seis líneas: excelente liderazgo, comunicación, capacitación, motivación, resolución de conflictos y evaluación de habilidades. Aquí se detallan cada una:

Liderazgo: el liderazgo exitoso implica confianza, motivación, planificación, delegación de autoridad y desarrollo de políticas y procedimientos para documentar las mejores prácticas.

Comunicación: la comunicación es primordial en la disminución del riesgo y en el aumento de la eficiencia y productividad. Escuchar, entregar mensajes claros y alentar la comunicación en ambas direcciones es fundamental.

Capacitación: la capacitación involucra un enfoque sistemático, paciencia y creación de planes diseñados conjuntamente con cada uno de los empleados de la organización en pos de producir los resultados deseados.

Motivación: la motivación de los empleados ayuda a la organización a cumplir su misión, metas y objetivos, al mismo tiempo que ayuda a las personas a alcanzar sus metas personales y profesionales. La responsabilidad de la administración es crear y mantener un ambiente en el cual los empleados se sientan motivados de desempeñarse en su más alto nivel. Entender y satisfacer las necesidades de los trabajadores, otorgar una compensación justa y tratar a las personas de forma equitativa es primordial para proporcionar una motivación positiva.

Resolución de conflictos: en los ambientes laborales, los enfrentamientos pueden ser inevitables. La administración o gerencia debe gestionar adecuadamente los conflictos. Posponer la resolución de conflictos solo causa problemas más severos en el futuro.

Evaluación: los empleados quieren oír de los gerentes cómo es su desempeño. Estos deben garantizar que las evaluaciones sean claras, justas, consistentes y oportunas. El período de evaluación es el mejor momento para escuchar las necesidades de los empleados con el fin de permitirles ser más productivos.

En resumen, de esta forma:

- Logran un mayor compromiso en el trabajo.
- Mantienen y elevan la satisfacción de los trabajadores.
- Crean líderes.
- Ayudan a crear equipos de trabajo efectivos, rentables y de alto desempeño.
- Detectan, potencian y retienen el talento.
- Desarrollar al personal para que tomen mejores decisiones y con el nivel de riesgo deseado.

¿Qué es el riesgo ambiental y social?

El riesgo ambiental y social es la posibilidad de pérdidas por la ocurrencia de conflictos ambientales y sociales relacionados con el desarrollo de una organización. Adicionalmente, para una institución financiera incluye el riesgo de que ocurran conflictos ambientales y sociales en los proyectos que financia y que puedan impactar en forma significativa sobre el sistema económico, social o ambiental en el cual se desarrollan.

Los principales riesgos socioambientales identificados están relacionados con la contaminación, la emisión de gases, generación de residuos y aguas residuales, los impactos en la salud y la seguridad laboral, respecto del manejo de substancias químicas y tóxicas o afectaciones sobre la comunidad.

Los principales riesgos ambientales y sociales son:

- Falta de cumplimiento con leyes o regulaciones locales sobre medioambiente podría resultar en actividades que dañen o causen daño en el ambiente, afecten la reputación y sean penalizadas.

- Una deficiente identificación, gestión y supervisión de las actividades de la organización o institución podría producir daños sociales o ambientales a las comunidades en las cuales se desarrollan, dañando la reputación de la organización.

- Por deficiencias en la gestión del riesgo social y ambiental de los proyectos que financia la institución (por ej.: establecimiento o seguimiento de los planes de acción ambiental y social), podría haber impactos ambientales y sociales adversos dentro de los proyectos, generando daños a la reputación de la institución y a las comunidades.

- La falta de cumplimiento de las legislaciones ambientales podría resultar en el financiamiento de proyectos que podrían tener un impacto ambiental negativo causando daños a la reputación de la institución.

- Una deficiente supervisión de los proyectos en ejecución, incumplimientos de las contrapartes con las legislaciones nacionales, podría dar espacio a que el cliente realice daños sociales o ambientales dentro de los proyectos, perjudicando a la reputación de la institución.

Se procura, entonces, que las actividades se desarrollen de manera sustentable. Refiriéndose a la utilización de forma racional y responsable de los recursos naturales de un determinado lugar, cuidando que no sean dañados para que las generaciones futuras puedan también hacer uso de ellos, enfatizando en la regeneración de los recursos disponibles y en la mitigación de posibles impactos ambientales.

Por otro lado, se procura minimizar el impacto ambiental de las actividades. Este, entendido como toda modificación del medio ambiente provocada por obras o actividades humanas que tengan como consecuencia (negativa, directa o indirecta), afectar la vida en general, la biodiversidad, la calidad o una cantidad significativa de los recursos naturales o ambientales, y su aprovechamiento, el bienestar, la salud, la seguridad personal, los hábitos y costumbres, el patrimonio cultural o los medios de vida legítimos.

Cabe señalar que una correcta gestión de los riesgos socioambientales permite a las organizaciones promover una gestión ambiental eficiente y un desarrollo social responsable.

La gestión medioambiental involucra ser consiente de cómo las operaciones y el negocio afectan el medio ambiente y puede incluir el consumo de energía y emisiones, uso del agua y gestión de residuos.

La gestión adecuada del medioambiente trae, entre otros, los siguientes beneficios: reducción de costos, mejora en la reputación, reutilización de materiales, condiciones más seguras de trabajo, cumplimiento legal y menor riesgo.

¿Qué es el riesgo de tecnología de información?

La tecnología de información (TI) es una parte inherente e intrínseca del negocio. Es por ello por lo que la tecnología es un factor clave en la productividad y competitividad de toda organización. Entonces, los riesgos derivados de la operación se convierten en aspectos críticos que requieren ser tratados a través de un adecuado gobierno y gestión[73].

Ciertas normas internacionales, como la ISO 38 500:2015, y marcos de referencia como COBIT establecen lineamientos en materia de riesgos como parte del gobierno y gestión de riesgos de tecnologías de información.

La tecnología es el gran facilitador, pero también presenta riesgo generalizado, potencialmente de impacto alto. El riesgo de origen tecnológico puede incidir sobre las metas y objetivos organizacionales, y ser causa de otro tipo de riesgos. Por ello, el daño, interrupción, alteración o falla derivada del uso de TI puede implicar pérdidas significativas en las organizaciones, pérdidas financieras, multas o acciones legales, afectación de la imagen de una organización, perjudicar a un cliente, dañar la reputación y causar inconvenientes a nivel operativo y estratégico.

Por un lado, las organizaciones enfrentan el riesgo de desalinear las estrategias de negocio y de TI. Además, las decisiones de la administración pueden incrementar el costo y la complejidad del entorno de TI y no responder a las necesidades del negocio y del cliente.

La gestión de riesgos de TI es un método sistemático que permite planear, identificar, analizar, evaluar, tratar y monitorear los riesgos asociados con una actividad, función o proceso, para que la organización pueda reducir pérdidas y aumentar sus oportunidades; en este caso, las actividades, funciones, procesos y recursos que hacen parte de las Tecnologías de Información.

Ciertas amenazas de TI son comunes como los virus, los fallos de software, las caídas de red, pérdidas o robo de equipos, fallas de comunicaciones, los programas espía, troyanos, el spam. Otras amenazas con más sofisticadas, como las denominadas amenazas persistentes avanzadas (APT, por sus siglas en inglés *Advanced Persistent Threat*), llevan a la necesidad de valorar y gestionar los riesgos, tomando las acciones que permitan implementar adecuados controles para tratar de garantizar niveles aceptables de riesgo.

---

73 https://www.researchgate.net/publication/311206737_Gobierno_y_gestion_de_riesgos_de_tecnologias_de_informacion_y_aspectos_diferenciadores_con_el_riesgo_organizacional

Por otro lado, este riesgo también está presente en el riesgo cibernético, en la forma de robo de datos, cuentas comprometidas, archivos destruidos, sistemas deshabilitados o degradados.

La gestión de TI se centra en administrar e implementar la estrategia tecnológica del día a día y largo plazo. A su vez, se centra en los procesos requeridos para garantizar niveles aceptables de riesgo de la información y de la infraestructura tecnológica incorporada en el día a día del negocio.

En toda organización, el riesgo tecnológico es de alto impacto y su gestión es necesaria; sin embargo, en una institución financiera es aún más crítico.

La tecnología de las organizaciones puede volverse obsoleta, comprometida a disrupción, o no competitiva, o siendo ineficiente y con alto costo. La rapidez de respuesta a un requerimiento para mejorar la oferta de productos y servicios puede resultar fundamental para el negocio.

El riesgo de tecnología tiene implicaciones estratégicas, financieras, operacionales, regulatorias y reputacionales.

De acuerdo a Deloitte[74], generalmente, los objetivos de TI son: facilitar el crecimiento del negocio, lograr innovación y agilidad tecnológica, promover la reducción del costo, respaldar al cliente y al centro de atención al cliente, y solidificar la administración efectiva del riesgo y el cumplimiento.

De acuerdo a su modelo, los seis componentes necesarios de operación requeridos para respaldar la administración del riesgo de TI, a través de la compañía, son:

a) gobierno y vigilancia,

b) políticas y estándares,

c) procesos de administración,

d) herramientas y tecnología,

f) métricas del riesgo y presentación de reportes sobre el riesgo y

---

74 https://www2.deloitte.com/content/dam/Deloitte/co/Documents/risk/
Riesgos%20 TI%20%20Servicios%20Financieros%20(ok).pdf

g) cultura de riesgo.

¿Qué es el riesgo de fraude, corrupción y soborno?

"Se necesitan 20 años en construir una reputación; pero solo toma cinco minutos para arruinarla".

WARREN BUFFETT

En este apartado, se definirán, primero, cada uno de estos conceptos y luego se verá la importancia de estos riesgos:

- **Fraude**: es cualquier acto u omisión intencionada, diseñada para engañar a los demás; llevado a cabo por una o más personas con el fin de apropiarse, aprovecharse o hacerse de un bien ajeno, sea material o intangible, de forma indebida, en perjuicio de otra y generalmente por la falta de conocimiento o malicia del afectado. El fraude es la denominación genérica de una conducta delictiva cometida por acción u omisión, con dolo o culpa, por parte de terceros, empleados o directivos de una organización.

- **Corrupción**: definido por Transparencia Internacional como el "mal uso del poder" o "el mal uso de poder encomendado para obtener beneficios privados". Esto incluye no solamente una ganancia financiera sino también ventajas no financieras. La corrupción política se refiere a los actos delictivos cometidos por funcionarios y autoridades públicas que abusan de su poder e influencian a realizar un mal uso intencional de los recursos financieros y humanos a los que tienen acceso, anticipando sus intereses personales o los de sus allegados, para conseguir una ventaja ilegítima generalmente de forma secreta y privada.

- **Soborno**: es ofrecer, prometer, dar o aceptar una ganancia pecuniaria indebida o cualquier otra ventaja para o por: a) un funcionario público a nivel nacional, local o internacional, b) un partido político, funcionario de partido o candidato; o c) un director, oficial, empleado o representante de una empresa privada; para obtener o conservar un negocio u otra ventaja impropia, por ejemplo, en relación con permisos reguladores, impuestos, trámites aduaneros, procedimientos judiciales o legislativos.

La integridad, la ética y transparencia son valores clave para llevar adelante las operaciones de toda organización. Por eso, es necesario que las organizaciones gestionen adecuadamente el riesgo de fraude, corrupción y sobornos, evitando pérdidas y daños irreparables a la reputación.

Los impactos o consecuencias negativas de estas acciones contrarias a la integridad tienen que ver con dos aspectos. Por un lado, causan un perjuicio económico directo; por otro lado, causan perjuicios económicos indirectos, afectando la imagen y reputación de las empresas, afectando la motivación de los trabajadores, afectando las relaciones con los reguladores y, especialmente, generando costos que ocasionan los asesores externos que serán posteriormente necesarios para investigar y mitigar estos riesgos (abogados, peritos o contadores, auditores).

Es necesario, identificar, medir, controlar, investigar y corregir las situaciones de fraude, soborno y corrupción, promoviendo los valores organizacionales, el establecimiento de una cultura de cumplimiento y protegiendo la reputación de la organización.

Este sistema de principios, valores y reglas empieza en la alta dirección. Y a partir de ahí, a través de un código (de conducta o de ética), comportamientos adecuados y el diseño y la comunicación de las correspondientes políticas y procedimientos, se proyecta al resto de la organización.

Se estila tener los siguientes elementos:

- Un órgano colegiado o unipersonal, dependiente del Consejo de Administración, que vele por la aplicación del Código de Conducta o Ética y sirva para procurar un comportamiento profesional, ético y responsable de todos los miembros de la organización.

- Un Código de Conducta o de Ética o de Buenas Prácticas que defina los principios y valores que rigen las relaciones de la organización con sus diferentes grupos de interés (empleados, clientes, accionistas, socios de negocio y proveedores) y que se implanta, se difunde y es aceptado por dichos grupos de interés.

- El compromiso de la alta dirección.

- Un plan de comunicación y formación para todo el personal.

- Un programa eficaz de prevención, detección e investigación de situaciones que se consideren desvío del Código.

- Un canal de denuncias, como vía de comunicación interna y externa, que permita informar irregularidades y eventuales incumplimientos del Código.

La tolerancia al riesgo varía de una organización a otra (aunque debería ser baja). La alta dirección establece el nivel de tolerancia al riesgo teniendo en cuenta su responsabilidad frente a los socios o accionistas, las entidades financiadoras y demás partes interesadas.

Algunas organizaciones prefieren gestionar únicamente los riesgos de fraude con impacto material en los estados financieros; otras, implantan programas de respuesta al fraude más estrictos, con políticas de "tolerancia cero".

La gestión del riesgo de fraude, corrupción y soborno consta de tres etapas: prevención, respuesta y detección.

- **Prevención**: consiste en la configuración e identificación de los riesgos, diagnóstico de procesos, encuestas, desarrollo de un plan de cultura y valores, compromiso de la organización y en especial de la alta administración, capacitaciones, comunicados, campañas.

- **Detección**: incluye los canales de denuncia, mesa de ayuda, auditorías y asesorías.

- **Respuesta**: consiste en la investigación, recolección de pruebas, presentación a la justicia (si correspondiera), determinación de la conducta por parte de la organización y reportería.

En la siguiente figura se muestra cómo la corrupción puede tener graves consecuencias:

Figura 27. Accidente Terminal Once 2012

Fuente: TN (2013). Línea Sarmiento: el día trágico.
Disponible en: https://tn.com.ar/sociedad/el-dia-tragico_373833

El accidente ferroviario de Once de 2012, comúnmente llamado Tragedia de Once, fue un siniestro ferroviario ocurrido en Buenos Aires, Argentina, el miércoles 22 de febrero de 2012, en el que murieron 51 personas y 789 resultaron heridas. El choque se produjo a las 08:33 a.m., cuando el tren Nº 3 772, identificado con la chapa 16, de la línea Sarmiento, de la empresa Trenes de Buenos Aires S.A., que se encontraba llegando a la plataforma número 2 de la estación terminal de Once, no detuvo su marcha y colisionó con los paragolpes de contención[75]. A continuación se realiza el análisis de riesgo correspondiente:

- **Identificación de riesgos**

Previo a la tragedia, se podía dar este riesgo: "Como resultado de algún problema en los frenos, el tren podría no frenar a tiempo, chocando, y podría afectar la vida de pasajeros".

- **Análisis del riesgo**

Probabilidad: se estima una probabilidad "Baja". **Impacto**: podía tener un impacto "Muy Alto" (accidente). **Controles:** El mantenimiento de los trenes.

- **Evaluación del riesgo** (comparación contra el apetito de riesgo)

---

75 https://web.archive.org/web/20120225003250/http://www.infobae.com/notas/633364- Exclusivo-el-momento-de-la-tragedia-que-causo-49-muertos-en-Once.html

Tanto la empresa concesionaria (Trenes de Buenos Aires) como Estado Nacional (a través del Ministerio del Interior y Transporte y la Secretaría de Transporte) consideraban que el riesgo residual era bajo.

Este fue el resultado:

- **Resultado**

El control resulto inefectivo. Los frenos no funcionaron adecuadamente.

- **Impacto**

Murieron 51 personas y 789 resultaron heridas.

- **Lecciones aprendidas**

La falta de gestión de los riesgos en la empresa concesionaria y la inadecuada supervisión del órgano de control contribuyó al accidente que se cobró 51 vidas y dejó un saldo de casi 800 heridos.

Como resultado, la justicia determinó que los empresarios y los funcionarios del Estado tuvieron mayor responsabilidad debido a la administración fraudulenta de los recursos y, en algunos casos, también por agravar los riesgos que influyeron en el siniestro.

Generó duras condenas para quienes fueron encontrados responsables.

¿Qué es el riesgo en las compras y adquisiciones?

La gestión de riesgos es un aspecto fundamental de las compras o adquisiciones[76]. Ya vimos que el riesgo se define como: "El efecto de la incertidumbre sobre los objetivos establecidos".

Como objetivo general de las compras y adquisiciones se podría establecer: "Adquirir bienes, servicios, consultorías u obras de manera eficiente; es decir, al costo mínimo que sea consistente con la

---

76 CIPS – Risk Management in Purchasing and Supply Chain

necesidad de lograr un producto de calidad aceptable dentro de un marco de tiempo aceptable y de manera transparente".

La gestión de riesgos establece, principalmente, las siguientes etapas: identificación, análisis, evaluación y mitigación del riesgo. En general, se pueden identificar los siguientes riesgos:

- Debido a una inadecuada planificación presupuestaria, falta de la claridad de los objetivos (bienes y servicios) o la ausencia o inadecuada aplicación de controles, se podría incurrir en la adquisición de bienes o servicios no acorde a las necesidades de la organización, que conlleven a pérdidas o al inadecuado uso de los recursos.

- Debido a deficiencias en las normas de adquisiciones y/o aplicación de la misma, deficiencias en la ejecución del proceso de compras (requerimientos, evaluación de ofertas, etc.), se podrían realizar adquisiciones que no sean las más "convenientes" (es decir, en términos de precios, calidad, garantías, etc.), lo que pudiera conllevar al incumplimiento de objetivos y pérdidas para la organización.

- Debido a debilidades en las normas vigentes, ausencia o inadecuada aplicación de controles (de revisión, verificación, aprobación, etc.), inadecuada segregación de funciones en el proceso, presiones y/u obtener un beneficio personal o de un tercero (p.ej. económico), etc., se podría realizar un fraude, que conlleve a pérdidas o inadecuada utilización de los recursos de la organización.

- Debido a una mala planificación, mala definición o falta de claridad de requerimientos, falta de participación de empresas oferentes, inadecuada asignación presupuestaria, no se puede completar el proceso (se declara desierto o fracasado) y se incumplen objetivos y compromisos organizacionales.

- Para el establecimiento de controles que mitiguen los riesgos identificados se deben considerar ciertos criterios. No será lo mismo realizar una obra de remodelación del edificio que la adquisición de lapiceras. Existe un criterio de relevancia y materialidad que debe considerarse.

Por otro lado, hay otros elementos que se deberían considerar para establecer procesos de adquisiciones más robustos (mayor competencia) para asegurar el cumplimiento de los objetivos institucionales, entre ellos, factores internos (experiencia previa en el bien o servicio buscado, experiencia de los compradores y evaluadores, bien o servicio crítico o clave para el cumplimiento de los objetivos institucionales) y factores externos (cantidad de oferentes, calidad de los mismos, certificaciones que posean, etc.).

Una vez concluido el proceso, se deberá evaluar específicamente el riesgo del proveedor seleccionado, basado en:

- Situación financiera
- Capacidad técnica
- Certificaciones relevantes, planes de continuidad, planes de sucesión, etc.
- Seguridad de la información, manejo de la confidencialidad, etc.
- Si fuera un proveedor del exterior, la situación del país donde se encuentra.

Todos los proveedores (terceros) deberían clasificarse en cuanto a su nivel de riesgo: alto, medio y bajo. Para los terceros con riesgo alto, se deberá trabajar conjuntamente con los proveedores para mitigar los riesgos identificados. Asimismo, se deberá trabajar en identificar proveedores alternativos en caso de que posteriormente tengan inconvenientes.

CAPÍTULO X.
MECANISMOS PARA GESTIONAR O MITIGAR EL RIESGO

"Más vale prevenir, que curar."

¿Qué es un control?

Es cualquier acción dirigida a mitigar o minimizar un riesgo identificado y mejorar la probabilidad de conseguir los objetivos planteados. Las acciones están orientadas a reducir la probabilidad de ocurrencia del riesgo, su impacto (consecuencias) o ambos.

Existen dos conceptos de riesgo:

- **Riesgo inherente**: nace con la actividad. Por ejemplo, para una organización sería el riesgo de sufrir un incendio en sus instalaciones.

- **Riesgo residual**: es el riesgo que queda después de la aplicación de los controles. Siguiendo con el ejemplo anterior, para mitigar el riesgo del incendio y pérdida de las instalaciones, la organización establece una serie de medidas (controles): cámaras, vigilancia, alarmas, detectores de humo, seguros. Después de estos controles, la exposición de la empresa al riesgo ha disminuido (baja la probabilidad y el impacto del riesgo), entonces, eso es el riesgo residual.

Veamos algunos ejemplos más:

- Ley de tránsito que establece una velocidad máxima y una revisión regular de los automóviles: procura disminuir los accidentes de tránsito.

- Adquirir un seguro del hogar: procura eliminar o disminuir el impacto de un evento.

- Llevar un paraguas en caso de que el Servicio Meteorológico estime que la probabilidad de lluvias es superior al 50%: procura evitar llegar mojado al lugar donde debía ir.

- Tener una dieta saludable y hacer ejercicios regularmente: procura mejorar la condición física, mejorar nuestra apariencia y disminuir enfermedades.

- Establecimiento del número 911: procura que la gente lo recuerde fácilmente cuando tiene una emergencia.

- Establecer un control sobre una compra (A verifica lo que hace B): procura evitar un fraude o error de B.

En la siguiente Figura vemos un ejemplo práctico:

Figura 28. Ejemplo de riesgo inherente, control y riesgo residual

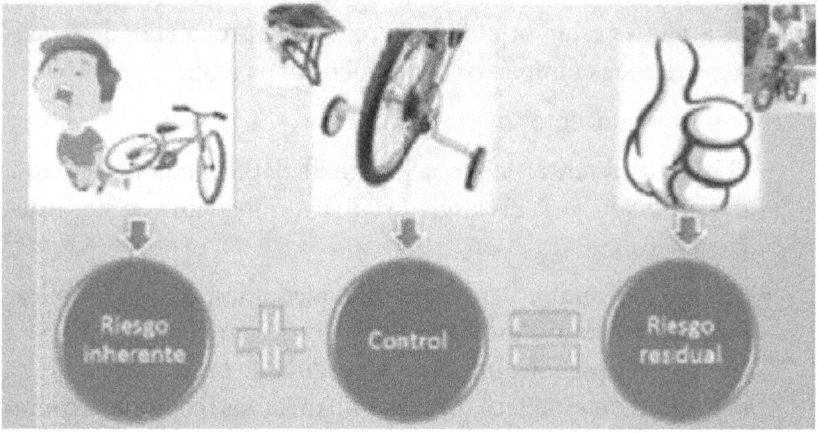

Fuente: Elaboración propia.

Vemos entonces que los controles tienen diferentes formas y que fueron pensados para mitigar un riesgo y aumentar la probabilidad de cumplir un objetivo o no sufrir una pérdida.

Características de un control

Una vez que se identifica un riesgo o una probabilidad de sufrir una perdida, se debe diseñar e implementar un control (mitigante del riesgo). Muchas veces pensamos que el otro va a realizar el control (p.ej.: llevar el paraguas), pero no había quedado claro que iba a ser así y no termina siendo efectivo el control.

El diseño

Por eso, en el ámbito empresarial, se deben considerar cinco características esenciales que debe tener un control para que pueda ser efectivo.

- ¿Quién es responsable? Debe establecerse claramente quién es el responsable de realizar o ejecutar el control.

- ¿Cuál es el control (Qué)? Establecer cuál es el control o cuál es la actividad a realizar.

- ¿Cuándo se ejecuta el control / cuán seguido? Establecer la frecuencia de la actividad de control.

- ¿Cómo se implementa el control (qué documentación es necesaria)? Establecer cómo se va a dejar documentado la ejecución del control.

- ¿Por qué se ejecuta el control (propósito)? Debe quedar claro el motivo por el cual se va a realizar el control y cuál es el objetivo del mismo.

Luego de haber respondido a estas preguntas, así sería la redacción de un control: "Anualmente, el propietario del vehículo debe concurrir con su auto a la VTV (Verificación Técnica Vehicular) para realizar su verificación, con el fin de asegurar de que este apto para circular y así reducir la probabilidad de un accidente, obteniendo el certificado correspondiente".

A continuación, se presentan las respuestas a las cinco preguntas anteriores:

- ¿Quién? El propietario del vehículo.

- ¿Qué? Debe concurrir con su vehículo a la VTV (Verificación Técnica Vehicular).

- ¿Cuándo? Anualmente.

- ¿Cómo? Obteniendo el certificado correspondiente.

- ¿Por qué? Para realizar la verificación de su vehículo, asegurando que este apto para circular y así reducir la probabilidad de un accidente.

Asimismo, cuando se diseña un control se debe considerar el alcance o cobertura del control (a quiénes va a abarcar), si es manual o automático y si es preventivo, detectivo o correctivo.

En la siguiente tabla, se muestran algunos ejemplos de controles preventivos, detectivos, correctivos, manuales o automáticos.

Tabla 11. Ejemplos de controles

Control	Definición	Ejemplo
Preventivo	Actúan sobre la causa de los riesgos. Su fin es disminuir la probabilidad de ocurrencia del riesgo.	Semestralmente, realizar una visita al dentista.
Detectivo	Se diseñan para descubrir un evento, irregularidad o un resultado no previsto.	Revisión de la conexión de gas.
Correctivo	Permiten el restablecimiento de una actividad, después de ser detectado un evento no deseable, posibilitando la modificación de las acciones que propiciaron su ocurrencia.	Uso de anteojos.
Automático	Lo realiza un sistema de información.	Utilización de un sistema de alarmas.
Manual	Lo realiza una persona.	Uso de guardias en la entrada del edificio.

Fuente: Elaboración propia.

La ejecución

Después del diseño del control, se debe implementar y ejecutar, asegurando que el control funcione conforme fue establecido, cumpla con los objetivos planteados y aumente la probabilidad de cumplimiento del objetivo buscado o reduzca las pérdidas. Si fuera un control manual, la persona responsable del control debe ejecutarlo cuando se requiera, como se estableció, dejándolo documentado.

La efectividad

Luego de la ejecución del control, debemos validar que el control sea efectivo. Esto quiere decir que el control tenga la capacidad de lograr el efecto deseado, esperado o anhelado. Será efectivo si el control mitiga o minimiza el riesgo de acuerdo a lo planeado y permite el cumplimiento del objetivo.

Figura 29. Ejemplo de controles (efectivo e inefectivo)

Control efectivo:
Uso de paraguas y piloto.
Resultado: Seco.

Control inefectivo:
Paraguas roto.
Resultado: Mojado.

Fuentes: https://es.wikipedia.org/wiki/Paraguas

Fuente: wikipedia (2020). Consulta para- guas. Disponible en: https:// es.Wikipedia.Org/ wiki/paraguas

Fuente: viviendo el tiempo libre (2020). Paraguas y días mojados. Disponible en: https://diegorussi. Wordpress. Com/2015/11/03/ paraguas-y-dias-mojados/

Evaluación de controles

Para determinar la efectividad de un control, este se debe evaluar, considerando lo siguiente:

a) Diseño: reflexionar si el control es capaz de prevenir, detectar o corregir un riesgo. El diseño establece cómo debería funcionar. Para la valoración del diseño del control se deberán considerar los siguientes atributos:

• Nivel de Formalidad (normado o no).

- Descripción: considera los cinco criterios de diseño (cuándo, quién, qué, por qué y cómo).

- Nivel de segregación de funciones.

- Tipo de control: preventivo, detectivo o correctivo.

- Automático, semiautomático o manual.

- Alcance: total o parcial.

b) Ejecución (Funcionamiento): si el control se ejecuta conforme fue establecido y provee seguridad razonable de la mitigación del riesgo, se determinará de acuerdo a si se ejecutan cada uno de los criterios de diseño. Es decir, si se implementa correctamente de acuerdo a su diseño.

c) Efectividad de un Control: posteriormente, se establece el grado de efectividad de cada control, considerando la efectividad general de ellos.

A continuación, se presenta la efectividad final de los controles asociados a un determinado riesgo:

Tabla 12. Efectividad de los controles

VALORACIÓN	DESCRIPCIÓN DE LA EFECTIVIDAD DEL CONTROL
MUY ALTO (5)	Los controles son muy efectivos para mitigar el riesgo.
ALTO (4)	Los controles son efectivos para mitigar el riesgo.
MEDIO (3)	Los controles son medianamente efectivos para mitigar el riesgo.
BAJO (2)	Los controles son ligeramente efectivos para mitigar el riesgo.
MUY BAJO (1)	Los controles son deficientes para mitigar el riesgo.

Fuente: elaboración propia.

Algo para remarcar es la importancia de las consecuencias que deben acompañar los que diseñan los controles por el incumplimiento de los mismos. Si las consecuencias de no cumplir con los controles son bajas o nulas, el cumplimiento de los mismos será bajo; en cambio, si las consecuencias de incumplir los controles son altos, los responsables de los mismos los cumplirán a raja tabla.

Para esto, hay dos conceptos fundamentales: el costo del incumplimiento y la seguridad de la aplicación de la pena. A mayor costo y mayor seguridad de que recibiré una pena, más cumpliré con el control. Como señala Ernesto Bazán (2020), los latinoamericanos no cumplimos las leyes del tránsito en nuestros países (debido a las bajas multas y su baja aplicación); pero las mismas personas con la misma cultura tendemos a respetar las leyes de tránsito cuando vamos a otros países en los que las penas son altas y la aplicabilidad de las mismas más severas.

Eficiencia

Se debe realizar el análisis costo / beneficio del control y el objetivo estratégico. La decisión de implementar un control debe estar basada en la eficiencia y en las expectativas.

Un control es eficiente en la medida que su costo sea menor al beneficio que protege (o al valor del activo que se cubre). Es decir, racionalmente, no adquiriría un seguro con un costo de $10 al año para proteger un activo cuyo valor sea $7 (a menos que mi expectativa sea que es altamente probable que sufrirá un evento dentro del próximo año).

Por otra parte, no sería eficiente establecer varios controles para asegurar algo de menor importancia.

Figura 30. Control ineficiente

Fuente: No construyas una bazuca para matar un mosquito (2020).
Disponible en: https://uxdesign.cc/dont-build-a-bazooka-to-kill-a-mosquito-e71613511c5b

En el caso de una organización, los controles se pueden agrupar de la siguiente manera:

Figura 31. Clasificación de controles

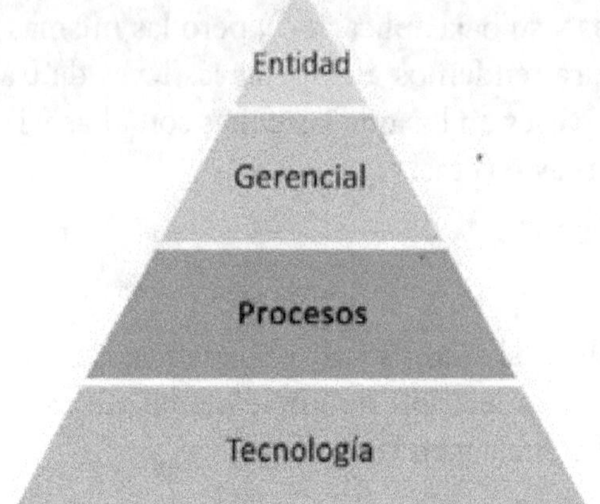

Fuente: Elaboración propia

Cada uno de estos niveles está definido de la siguiente manera:

- **Entidad**: estos son los controles que proporcionan gobernabilidad a nivel general en la institución. Los controles a este nivel se reflejan en la forma de funcionar de una organización e incluyen políticas, procedimientos y otras prácticas de alto nivel que marcan las pautas de la organización. Por ejemplo el código de ética o conducta, revisión de un Comité de remuneraciones, etc.

- **Gerencial**: actividades de control de alto nivel efectuadas por la gerencia o administración y que, generalmente, involucran mayor agregación de datos y una menor consideración de detalles. Emisión de un informe conjuntamente con la emisión de estados financieros.

- **Procesos**: los controles a nivel de procesos son las actividades realizadas en los procesos o procedimientos de gestión destinadas a mitigar un riesgo.

- **Tecnología**: son los controles de Tecnología de la Información (TI) establecidos para garantizar el correcto desarrollo y ejecución de aplicaciones, así como la integridad de los softwares, archivos de datos y operaciones informáticas, que soportan la operatividad de las instituciones. Estos controles incluyen la gestión de los accesos, la gestión de redes, la gestión de bases de datos, la gestión de sistemas operativos, la gestión de almacenamiento, la gestión de las instalaciones y sus servicios, y la administración de seguridad.

A continuación, se muestra un ejemplo de lo recién explicado: Situación: adecuada gestión de riesgos "Vacuna contra Polio".

- **Identificación de riesgo**: dado que es una enfermedad que se transmite de persona a persona y estamos en una zona con clima templado (se transmite más rápidamente), me podría contagiar de polio, que afectar el sistema nervioso y podría transmitirse a buena parte de la población.

- **Evaluación de riesgo:**

Probabilidad: Media.

Impacto: Muy Alto (causa debilidad muscular y parálisis aguda flácida).

- **Controles:**

Ir a un lugar con clima bien frio. Aislamiento.

- **Nivel de riesgo**

Riesgo = Probabilidad * Impacto - Controles

Riesgo: (Medio * Muy Alto) - Controles (medianamente efectivos) Riesgo residual: Medio - Bajo (por controles)

- **Plan de acción**: Jonas Salk y Albert Sabin desarrollaron una vacuna usando poliovirus atenuados.

- **Resultado**: la vacuna fue autorizada en 1962 para prevenir la poliomielitis. Control sobre la propagación de la enfermedad.

Sistema de control interno

Muchas organizaciones procuran cumplir con ciertos objetivos y para ello, utilizan controles. El uso de controles para cumplir objetivos de una forma metodológica se llama sistema de control interno.

El uso más común de las organizaciones de un sistema de control interno es para la emisión de la información financiera (reporte financiera). En este caso, el objetivo es asegurar, de una manera considerable, la fiabilidad de la información financiera. Un sistema de control interno es una herramienta fundamental para grandes organizaciones, especialmente para las que emiten deuda en mercados de capitales para asegurar la información financiera. Asimismo, se puede utilizar para otros fines.

El propósito del control interno es resguardar los recursos de la organización o negocio, evitando pérdidas por fraude o negligencia, como así también detectar las desviaciones que se presenten y que puedan afectar al cumplimiento de los objetivos de la organización.

En el Sistema de Control Interno (SCI), todo el personal de la organización es partícipe y responsable de aplicar los lineamientos de control establecidos para mitigar los diversos riesgos asociados a sus actividades, con el propósito de contribuir a la efectividad del control interno.

COSO (*Committee of Sponsoring Organizations of the Treadway*) es una Comisión voluntaria constituida por representantes de cinco organizaciones del sector privado en EE.UU., para proporcionar liderazgo intelectual frente a tres temas interrelacionados: la gestión del riesgo empresarial (ERM), el control interno y la disuasión del fraude.

Desde su fundación en 1985 en EE.UU., promovida por las malas prácticas empresariales y los años de crisis anteriores, COSO estudia los factores que pueden dar lugar a información financiera fraudulenta y elabora textos y recomendaciones para todo tipo de organizaciones y entidades reguladoras como el SEC (Agencia Federal de Supervisión de Mercados Financieros) y otros. Su misión es: "... proporcionar liderazgo intelectual a través del desarrollo de marcos generales y orientaciones sobre la gestión del riesgo, control interno y disuasión del fraude, diseñado para mejorar el desempeño organizacional y reducir el alcance del fraude en las organizaciones".

En diciembre de 2014, el marco original se actualizó por el Marco COSO 2013, versión que buscaba que las organizaciones desarrollen y mantengan efectiva y eficientemente sistemas de control interno que ayuden en el proceso de adaptación a los cambios, cumplimiento de los objetivos de la empresa, mitigación de los riesgos a un nivel aceptable, y apoyo a la toma de decisiones y al gobierno.

El Marco Integrado COSO 2013 establece tres (3) categorías de objetivos, que permiten a las organizaciones centrarse en los diferentes aspectos del control interno. Estas categorías de objetivos son:

a) **Objetivos Operativos:** son aquellos que hacen referencia a la efectividad y eficiencia de las operaciones de la organización, incluyendo sus objetivos de rendimiento financiero y operacional, y la protección de sus activos frente a posibles pérdidas.

b) **Objetivos de Información:** estos hacen referencia a la emisión de información financiera y no financiera, interna y externa, y pueden abarcar aspectos de confiabilidad, oportunidad, transparencia u otros conceptos establecidos por los reguladores, organismos reconocidos o políticas de la propia organización.

c) **Objetivos de Cumplimiento:** son aquellos que hacen referencia al cumplimiento de las leyes y regulaciones a las que está sujeta la organización.

Figura 32. Marco COSO 2013

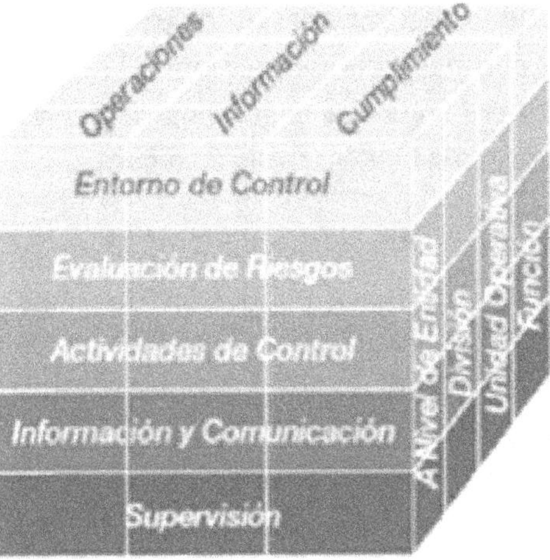

Fuente: auditool (2020). Marco de control interno coso III. ¿Cuál es su alcance? Disponible en: https://www.Auditool.org/blog/control-interno/2242-coso-iii-cual-es-su-alcance

A continuación, se desarrolla la figura expuesta. Dicho marco está compuesto por:

- Tres categorías de objetivos: operacionales, de información y de cumplimiento. Están representadas por las columnas.

- Cinco componentes: entorno de control, evaluación de riesgos, actividades de control, información y comunicación, y supervisión. Están representados por las filas.

- La estructura organizacional de la entidad está representada por la tercera dimensión. A nivel de entidad, división, unidad operativa o función.

Cada componente (fila) está compuesto por principios (diecisiete) y por puntos de enfoque (recomendaciones) que se deben cumplir y demostrar para validar el cumplimiento del Marco. Veamos, entonces, un resumen del Marco:

1) *Entorno de Control*

Este componente es el conjunto de normas, procesos y estructuras que proveen las bases para llevar a cabo el control interno dentro de la organización. Se debe demostrar el compromiso de las mayores jerarquías de la organización, cómo dan el ejemplo y cómo establecen las normas de conducta esperada.

Los factores de este componente incluyen: la integridad, los valores éticos y la competencia del personal, la filosofía y el estilo de operación, la manera en la que la gerencia asigna autoridad, responsabiliza y cómo organiza y desarrolla a su gente.

2) *Evaluación de Riesgos*

El componente de evaluación de riesgos involucra un proceso dinámico e interactivo para identificar y analizar los riesgos que podrían afectar el cumplimiento de los objetivos institucionales, que constituye la base para determinar cómo deben manejarse dichos riesgos. La gerencia toma en consideración los posibles cambios en el entorno y en el modelo organizacional de negocios que pudiesen afectar la capacidad de la organización de alcanzar sus objetivos.

3) *Actividades de Control*

Las actividades de control sirven como mecanismo para manejar el cumplimiento de objetivos institucionales y son una parte muy importante de los procesos, a través de los cuales la organización se esfuerza por cumplir o alcanzar dichos objetivos.

Las actividades de control son acciones establecidas a través de políticas y procedimientos que contribuyen a que las directrices que la gerencia establece para la mitigación de los riesgos asociados al cumplimiento de objetivos se cumplan. Son realizadas en todos los niveles de la organización, en varias etapas, a lo largo de los procesos de negocios y dentro del ambiente de tecnología. Su naturaleza puede ser preventiva o detectiva, y pueden englobar un amplio rango de actividades manuales y automatizadas, tales como: autorizaciones, aprobaciones, verificaciones y evaluaciones del desempeño del negocio.

4) *Información y Comunicación*

La información es vital para que la organización pueda llevar a cabo   las responsabilidades de control interno necesarias para el cumplimiento de los objetivos institucionales. La gerencia obtiene o genera y usa información relevante, de calidad, interna y externa, para apoyar al funcionamiento del sistema de control interno.

Este componente apoya el funcionamiento de todos los demás componentes de control interno y contribuye al cumplimiento de los objetivos institucionales.

5) *Supervisión*

Las actividades de monitoreo evalúan si cada uno de los cinco componentes y principios relevantes de control interno están presentes y funcionando de manera conjunta. Las organizaciones pueden utilizar evaluaciones continuas, evaluaciones separadas o una combinación de las dos para determinar si cada uno de los cinco componentes del control interno y los controles correspondientes a los principios, dentro de cada componente, están presentes y funcionando.

Las evaluaciones continuas son operaciones rutinarias, integradas a los procesos de negocio y desarrolladas en tiempo real, de conformidad con las condiciones cambiantes del negocio. Por otra parte, las evaluaciones separadas son desarrolladas periódicamente por personal administrativo objetivo y por auditores internos y/o externos, entre otros.

Controles clave

Son controles asociados a la mitigación de los riesgos principales a nivel de los procesos, normativas y ambiente de control interno de la institución, y que están relacionados a cualquiera de las categorías del Modelo (Información, Cumplimiento, Operaciones).

Evaluación de controles

En cuanto al tercer componente, se requiere que:

a) La organización elija y desarrolle actividades de control que contribuyen a la mitigación de riesgos para el logro de objetivos a niveles aceptables.

b) La organización elija y desarrolle actividades de control generales sobre la tecnología para apoyar el cumplimiento de los objetivos.

c) La organización despliegue actividades de control a través de políticas que establecen lo que se espera y procedimientos que ponen dichas políticas en acción.

Se puede utilizar un método de evaluación por parte de un área especializada o independiente, por parte de otra área (revisión cruzada) o por la propia área (autoevaluación).

La conclusión sobre la efectividad de los controles puede ser:

- **Efectivo**: son controles que después de un proceso de evaluación, demuestran que están operando de acuerdo a su diseño y ejecución, lo que permitirá cumplir con el objetivo para el cual fue creado (p.ej.: la mitigación de un riesgo relacionado).

- **Inefectivo**: son los controles que, como resultado de una evaluación de los mismos, se determina que no están funcionando de acuerdo a su diseño y/o ejecución, por lo que, en algún momento, podrían conllevar a la materialización de un riesgo (o riesgos) y generar un impacto en los objetivos de un determinado proceso o de la institución.

Existe una deficiencia cuando: a) no existe un control; b) el control está diseñado de manera incorrecta; c) el control no opera de manera efectiva. Una deficiencia implica que existe, al menos, una posibilidad razonable de que un evento pudiera existir, aun cuando el evento no haya ocurrido. Estas deficiencias de los controles pueden ser de dos tipos:

- **Deficiencia en el diseño:** se da cuando no existe un control necesario para cumplir con el objetivo de control o cuando un control existente no fue diseñado apropiadamente de modo que, incluso, si el control opera como fue diseñado no se cumpliría con su objetivo.

- **Deficiencia en la ejecución:** se da cuando un control que fue correctamente diseñado no opera de la forma en que fue diseñado, o cuando la persona que lo ejecuta no cuenta con la autoridad o calificación necesaria para aplicar el control de manera efectiva.

Las deficiencias se asocian al control que falló y permitió que ocurriera un evento. Una deficiencia reduce la probabilidad de que una organización cumpla sus objetivos. El ejercicio debe concluir sobre las deficiencias identificadas que se clasifican en:

- **Deficiencia de control** (menor gravedad): existe cuando el diseño o ejecución de un control no permite que la gerencia o los funcionarios (en el curso normal de la ejecución de sus funciones) puedan prevenir, detectar o corregir errores de manera oportuna.

- **Deficiencia significativa**: es una deficiencia o una combinación de deficiencias en el control interno, que es menos severa que una debilidad material, pero suficientemente importante para merecer la atención. Da como resultado la probabilidad de que el control interno falle al impedir o detectar los errores materiales.

- **Deficiencia material** (mayor gravedad): es una deficiencia o una combinación de deficiencias en el control interno, que conlleva a una posibilidad razonable de que un evento no sea prevenido o detectado oportunamente y que pudiera afectar severamente el cumplimiento de los objetivos.

Un sistema de control interno adecuado permite aportar seguridad, de manera razonable, respecto de los objetivos planteados por la organización, ya sean la efectividad y eficiencia de diversas operaciones, la confiabilidad de la información o el cumplimiento de la legislación y las regulaciones aplicables que afecten a las operaciones de la organización.

En general, se utiliza una firma auditora para que certifique la efectividad del sistema de control interno.

¿Qué herramientas utilizar para mitigar del riesgo?

La diversificación

En general, se conoce a la diversificación como una estrategia de inversión en la cual se invierte en distintas clases de activos (o distintos activos) para reducir el riesgo global del portafolio. Al diversificar la cartera, hay menos riesgo de que un solo acontecimiento o mala decisión de inversión dañe significativamente el rendimiento de la cartera. Procura generar un rendimiento promedio mayor, con un riesgo menor que cualquier activo individualmente. Es importante considerar la relación (correlación) entre los grupos de activos o activos para saber a ciencia cierta si realmente reducimos el riesgo.

La diversificación por sí sola no va a aumentar la rentabilidad, pero brindará un mejor nivel esperado de retorno para un determinado nivel de riesgo (reduce el riesgo del portafolio).

Este mismo concepto de diversificación lo debemos aplicar a otros ámbitos. Podemos diversificar nuestro riesgo si tenemos varios clientes importantes (en lugar de uno solo importante). Si le vendemos la mayor parte de nuestras ventas a un solo cliente, cualquier cosa que suceda con él, nos traerá un problema. O pasa lo mismo con un proveedor. Si solo tenemos un proveedor y cae en dificultades, tendremos dificultades (salir a conseguir uno, generar una relación, ver condiciones, calidad, etc.).

Otro ejemplo, se da en la fuente de ingresos. Hemos visto con la pandemia y el aislamiento o cuarentena determinadas medidas tomadas por las autoridades y cómo ciertas empresas que tenían una determinada forma de ventas (o un solo canal de ventas) vieron perjudicados sus ingresos, mientras peligraba su negocio. Por eso, también es necesario contar con diferentes fuentes de ingresos, incluso diferentes negocios (con riesgos diferentes) que brinden mayores probabilidades de mejor sobrevivencia.

En la misma línea, se puede tener una concentración de riesgo a una persona clave (por su información o por las tareas que realiza). Entonces, también es necesario contar con diversas opciones para poder realizar las tareas o tener esa información si le sucediera algo.

Un ejemplo adicional puede ser trabajar con un solo banco y poseer línea de crédito con ese banco (y productos). Si pasase algo con el banco (cierre, venta, cambio de dueños, cambio del personal que atiende, cambio de estrategias, etc.) pudiera ser difícil reemplazar ese fondeo y operatividad.

Es importante estudiar detalladamente el negocio para identificar algún factor de riesgo (incluso alguna concentración en segundo orden) para mejorar el perfil de riesgos.

En el caso de un productor agropecuario vemos que su ingreso o negocio depende, en gran proporción, de la naturaleza ya que su ingreso depende del clima y es sumamente vulnerable. Sequias, inundaciones o una peste traerán aparejado un alto impacto en su ingreso y rentabilidad. Adicionalmente, el clima no es algo que este en poder del productor ni depende de lo que él haga. Una forma de mitigar su riesgo es obtener un seguro climático (puede ser individual o colectivo con una cooperativa), otra es fraccionar su siembre en diferentes cultivos (aunque tendría un costo en la economía de escala de cada cultivo) o también puede ser a través de un acuerdo con un productor de otra zona (menos correlacionada, mejor) para diversificar el riesgo de ambos; es decir, que uno compensa al otro (distribuyen el riesgo).

Coberturas (Hedging)

Instrumentos financieros derivados

Generalmente, para cubrir un riesgo financiero se utiliza un instrumento financiero derivado, que cumple con las siguientes características:

- El valor del derivado cambia en respuesta a los cambios en un activo subyacente (tasa de interés especificada, precio de un instrumento financiero, materia prima, tasa de cambio, en un índice o en función de otra variable).

- No requiere una inversión inicial neta o solo obliga a realizar una inversión inferior a la que se requeriría para otros tipos de contratos; con lo cual, permite tomar mayor riesgo que la inversión realizada.

- Se liquidará en una fecha futura.

Existen diferentes derivados: forwards/futuros, intercambios de tasa de interés, intercambio de moneda, opciones. A continuación, veremos algunas de sus características:

Forward / Futuro

Un forward o futuro financiero son acuerdos mediante los cuales dos contrapartes se comprometen a comprar o vender el activo subyacente en el futuro. En dicha operación se fijan las condiciones básicas de la operación, como el precio.

Por lo tanto, son contratos en los que las contrapartes deciden acordar, comprar o vender una cierta cantidad de un activo en determinada fecha futura preestablecida y a un determinado precio.

La diferencia entre ambos instrumentos es que los futuros son contratos estandarizados (respecto a la cantidad y calidad del activo subyacente) y que se negocian en mercados organizados, como las bolsas de valores, y están sujetos a garantías. Por otra parte, los forwards son operaciones realizadas de forma bilateral entre dos contrapartes.

Al operar en bolsas de valores, los precios de los futuros son públicos y tienen liquidación diaria (requieren compensación por diferencias de precios). En tanto, los forwards son operaciones entre partes, sin precios observables y con riesgo de crédito con la contraparte.

Se utilizan sobre monedas, acciones, bonos o commodities (p.ej.: trigo, soja o cobre).

Intercambio de Tasa de Interés (Interest Rate Swap – IRS)

Es un acuerdo de intercambio de flujos que se establecen sobre un monto nominal y dependen de tasas de interés. Generalmente, no se produce un intercambio de nocionales (ni al inicio ni al final de la transacción). Asimismo, se establecen determinados períodos de pago durante la vida del acuerdo. La obligación de cada una de las partes se computa utilizando una tasa de interés diferente.

Un *plain vanilla swap* es un swap de tasa de interés en donde una de las partes paga de acuerdo a una tasa fija y la otra paga una tasa variable (generalmente Libor) en las fechas preestablecidas. Se utiliza para mitigar el riesgo de cambios en la tasa de interés. Dependiendo de que se tenga un activo o un pasivo, y de la expectativa de movimiento de la tasa de interés, se tomará cierta postura en el derivado.

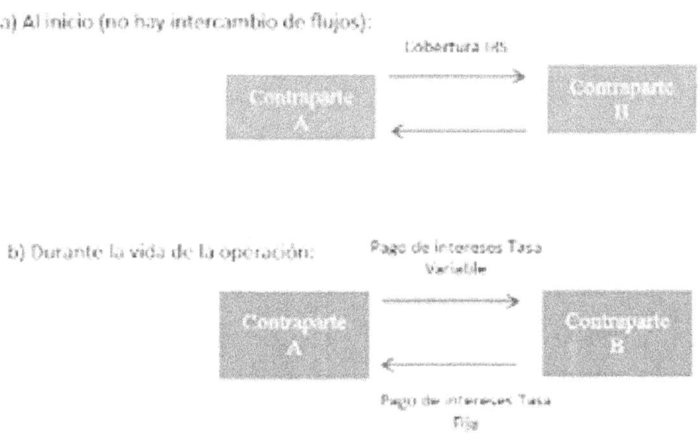

Intercambio de Moneda (Cross Currency Swap – CCS)

Son operaciones de intercambio de flujos de fondos de capital e intereses en distintas monedas. Los pagos se establecen sobre la base de valores nominales de referencia en distintas monedas para cada parte y compromisos, a cargo de cada parte, a una tasa de interés (fija o variable). Existe un intercambio de principal al inicio y al final, y se establecen determinados períodos de pago durante la vida del acuerdo.

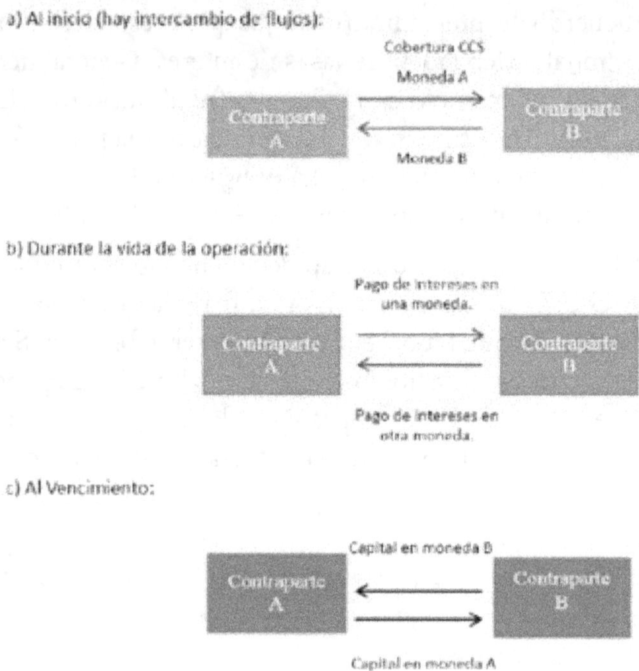

Credit Default Swap (CDS)

Un *Credit Default Swap* (CDS) es un contrato entre dos entidades en el cual se transfiere o adquiere el riesgo crediticio. Se utiliza para adquirir o ceder un riesgo de crédito. Al adquirir un CDS, una contraparte, asume el riesgo de crédito de un tercero a cambio del pago de una serie de pagos regulares. En caso de que la tercera parte incumpla o entre en default, la contraparte debe comprar el activo al que compró la protección crediticia.

El comprador del CDS recibe una protección de crédito y el vendedor recibe el riesgo crediticio del tercero. El riesgo crediticio se transfiere, entonces, desde el tenedor del activo al vendedor del CDS.

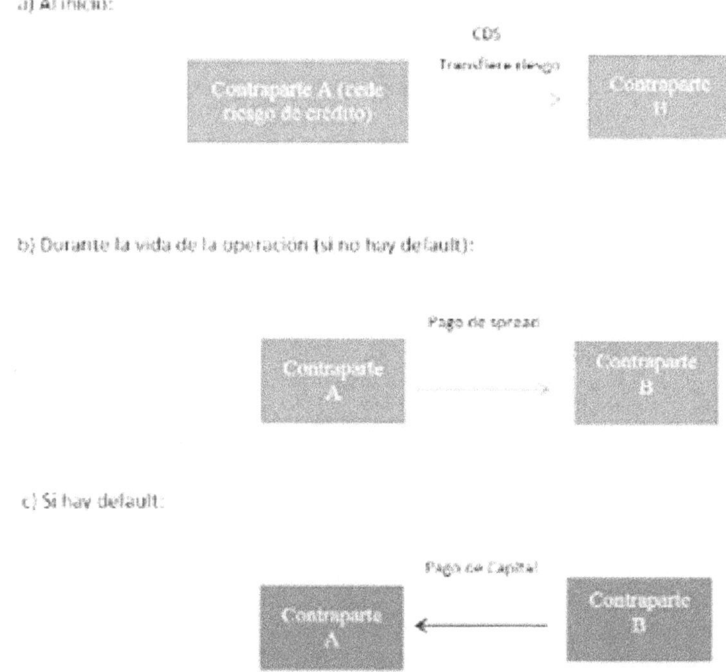

Nota de crédito - *Credit Link Note (CLN)*

Es un instrumento financiero con un *Credit Default Swap* incorporado. El emisor transfiere el riesgo de crédito de la contraparte a otra contraparte. Esta contraparte (inversor) recibe una tasa fija o variable durante la vida de la nota. Al vencimiento, reciben el valor nominal, salvo que el activo de referencia haya incumplido o se haya declarado en bancarrota.

a) Al inicio:

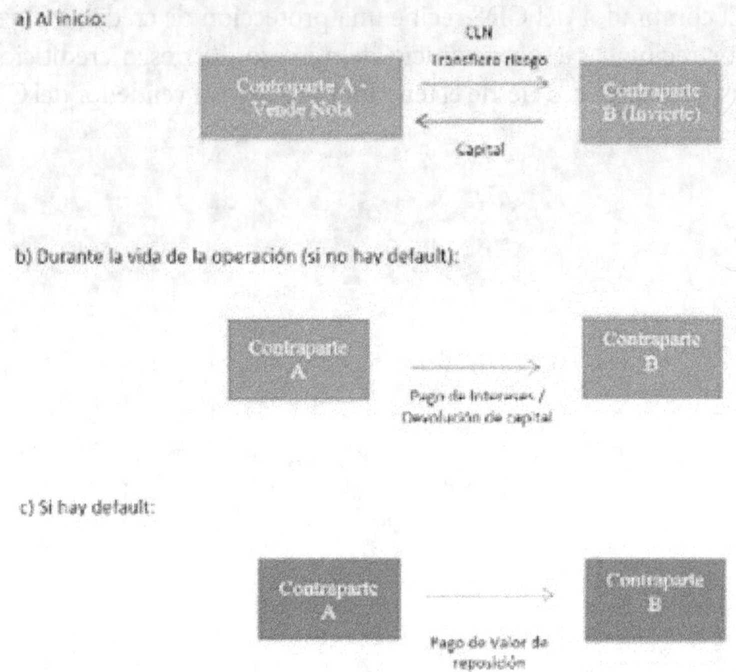

Opción

Una opción es un contrato que otorga al comprador el derecho (pero no la obligación) a comprar o vender un activo subyacente a un precio pactado, en un período de tiempo o fecha estipulada. A diferencia de los futuros o forwards, en las opciones se realiza una transacción en el momento de su contratación (denominada prima).

El que compra la opción paga una prima al vendedor por poseer el derecho; mientras tanto, el vendedor cobra la prima y tiene una obligación. El comprador puede ejercer su derecho mientras esté vigente la opción y su máxima pérdida es la prima pagada. El vendedor tiene la obligación de cumplir en el futuro.

Seguros

Tener una adecuada cobertura de seguros ayuda a proteger un negocio, sus ingresos, a los clientes y a los empleados. Para ello, es necesario entender los riesgos a los que se enfrenta, las diferentes alternativas de seguros y cuáles son necesarios para el negocio. Lo primero que hay que tener en cuenta es que los seguros usualmente protegen:

- Activos del negocio
- Clientes
- Empleados
- Dueños del negocio
- Ingresos o ganancias

En algunos casos, ciertos seguros son obligatorios por las leyes locales: empleados, responsabilidad sobre terceros, entre otros. Veamos algunas particularidades de los diversos seguros existentes:

- Seguros para empleados: provee cobertura ante el riesgo de un accidente o enfermedad. En caso de que un empleado sufra un accidente o enfermedad, este obtiene ayuda, compensación y rehabilitación.

- Seguros personales o para pérdida de ingresos: en estos tipos de seguros existen diferentes alternativas, entre ellas, seguro que protege ante la pérdida de ingreso por un accidente o enfermedad, seguro de vida, seguro por discapacidad, seguro para la interrupción de un negocio o pérdida de ingresos, seguro contra pasivos de gerentes o directores, seguros contra fraudes, etc.

- Seguros para activos: seguros para las instalaciones, seguros contra robo, seguros contra daños en inventarios, seguros por daños eléctricos, seguros para cosechas, seguros para bienes en tránsito, seguros para daños o robos de maquinarias, etc.

- Seguros sobre productos: en el caso de que uno venda, distribuya, entregue o repare algún producto, podrían ser responsables si el producto causa daños, lesiones, muertes, etc.

- Seguros profesionales: en el caso de que una persona brinde asesoramiento profesional y tenga costos legales asociados, pueden obtener una cobertura. Si no se obtienen los resultados del contrato o por negligencia en el asesoramiento, este seguro cubriría estos riesgos.

- Seguros tecnológicos: protección contra los riesgos que genera la nueva tecnología (equipos, ataques, crimen cibernético, interrupciones, etc.).

- Seguros contra desastres naturales.

En resumen, es necesario identificar los riesgos a los que está expuesto el negocio, evaluarlos (medir el nivel de riesgo), comparar contra el apetito (o capacidad) para asumir el riesgo y luego gestionarlo; y una opción para cubrir riesgos es hacerlo a través del seguro adecuado.

Las compañías de seguros cubren determinados riesgos económicos (riesgos asegurables) a agentes económicos (individuos o empresas). Su actividad es asegurar muchos sujetos expuestos a riesgos (eventos económicos desfavorables) para destinar lo así acumulado, a quienes se les presenta la necesidad. De alguna forma, las compañías de seguros operan como un casino, ya que cobran primas a todos los asegurados para pagarle luego a quienes sufren las pérdidas; este les saca a los perdedores para darles a los ganadores (quedándose con una porción de la torta como su beneficio). O visto de otra manera, sigue el principio de mutualidad, buscando la solidaridad entre un grupo sometido a riesgos.

CAPÍTULO XI.
EL RIESGO CONVERTIDO EN UNA OPORTUNIDAD

"El riesgo y la oportunidad vienen en pareja".

Bangambiki Habyar

Si bien los riesgos, en general, están asociados con algo negativo, no necesariamente debe ser así. Se trata de la incertidumbre (algo que podría pasar en el futuro) y que podría afectarnos. Sin embargo, esos mismos riesgos se pueden utilizar para crear oportunidades que mejoren nuestro rendimiento o el cumplimiento de nuestros objetivos.

Por ejemplo: una compañía que enfrenta el riesgo de perder participación de mercado porque los clientes empiezan a demandar que los productos utilicen materiales descartables y reciclables. Redactemos ahora el riesgo de acuerdo a los criterios que hemos visto anteriormente:

a) La **causa** es el cambio en el gusto de los consumidores.

b) El **riesgo** es perder ventas y participación de mercado.

c) El **impacto** es la pérdida económica asociada con esas ventas que cayeron.

Sin embargo, la compañía podría mitigar y gestionar adecuadamente el riesgo. Para ello, si detectara rápidamente el cambio en el gusto de sus clientes, cambiaría el uso de materiales y su producto. El cambio de materiales le podría generar incluso una mayor ganancia, ya que estos clientes normalmente están dispuestos a pagar un precio superior por productos "verdes". El atender el riesgo puede generar una oportunidad.

Lo mismo sucedió con la llegada del coronavirus. Las empresas que contaban con un plan de continuidad del negocio (riesgo de interrupción) pudieron tener una oportunidad frente a sus rivales que no contaban con uno.

En septiembre de 1982, varias personas murieron en Chicago, Estados Unidos, luego de tomar cápsulas de Tylenol extra fuerte. Este producto era la estrella de la farmacéutica Johnson & Johnson (representaba el 17% de las ganancias de la empresa). Las pastillas contenían cianuro, ya que alguien había conseguido añadir el tóxico en alguna fase del desarrollo del medicamento.

El mercado predecía que el impacto sobre la compañía sería considerable; su participación en el mercado cayó del 37% al 7% en un par de meses. Sin embargo, la reacción de la compañía fue destacable y lo utilizó a su favor. A los dos meses del incidente, el precio de la acción se había recuperado al precio anterior. A los cuatro meses, la participación en el mercado de analgésicos había regresado al 30%.

El evento causó siete muertes, un impacto económico considerable y afectó severamente su reputación. Entonces, ¿cómo hizo la compañía para recuperarse? Lo primero que hizo fue realizar una campaña publicitaria para solicitar al público no consumir su medicamento. Posteriormente, suspendió momentáneamente la producción del Tylenol en todas sus variantes. Seguidamente, ordenó el retiro de todos sus productos Tylenol en Chicago y después de todos los estados donde se había vendido. Asimismo, creó una línea gratuitita (0-800) para atender cualquier consulta relacionada con el tema.

A pesar de que el sabotaje había sido solo en algunos productos (nunca se identificó al responsable), la determinación de la compañía en retirar el producto ante el mínimo riesgo para cualquiera de sus clientes, fue determinante para su imagen.

Por el lado de las pérdidas económicas, se incluye el retiro de los 31 millones de envases (1 550 millones de cápsulas potencialmente mortales) de los 34 estados en los que se había distribuido, con un costo superior a los 100 millones de dólares[77].

La gran campaña de comunicación de la compañía (medios y publicidad) mostrando su preocupación sobre el incidente, mostrado las acciones que había tomado y la claridad de la comunicación fue

---

77 https://www.nytimes.com/2002/03/23/your-money/IHT-tylenol-made-a-hero-of- johnson-johnson-the-recall-that-started.html

clave. Su presidente apareció públicamente varias veces dando detalle del incidente y de las acciones que la compañía había tomado.

Por otro lado, creó un triple control de seguridad para sus productos y a los seis meses del incidente, fue la primera empresa en utilizar un nuevo envase con un plástico cobertor.

El liderazgo, la determinación, la clara comunicación y la preocupación por la seguridad de sus clientes fue lo que salvó a J&J. Con esto lo que se quiere demostrar es que, al final, la compañía sacó provecho de la situación y transformó el riesgo en una oportunidad.

El apetito de riesgo y la oportunidad

"Solamente los que arriesgan llegar demasiado lejos son los que descubren hasta dónde pueden llegar."

Thomas Stearns Eliot

El riesgo presenta una oportunidad si, por ejemplo, vemos que estamos tomando poco riesgo y nuestra capacidad y apetito es mayor. En ciertas ocasiones, soñamos con dar un salto a lo desconocido, dejando un modo de vida fácil y seguro; puede ser que tengamos miedo de tomar ese mayor riesgo.

Asimismo, existe el riesgo de no probar. Algunos dicen que hacer siempre las cosas de la misma manera en que se han hecho es una forma de no progresar y puede ser "arriesgado" también.

Solo algunos están dispuestos a correr grandes riesgos para así cosechar grandes beneficios. Mark Zuckerberg decía que: "Aquellos que no arriesgan están en el camino hacia el fracaso garantizado".

Hay varios factores que influyen en nuestra capacidad de aprovechar una oportunidad y sentirnos cómodos con lo desconocido, entre ellos nuestra composición psicológica, las funciones fisiológicas en nuestros cuerpos, la cultura en la que crecimos y la aceptación social sobre las conductas aceptables.

También, hay estudios que vinculan nuestros niveles individuales de testosterona con nuestro apetito por el riesgo (por ello, dado que los hombres tienden a tener más altos niveles de testosterona suelen estar más dispuestos a actuar impulsivamente). La doctora Tara Swart, neurocientífica y entrenadora de liderazgo, radicada en Londres, señala que cuando uno se prepara para una pelea o ha corrido un riesgo bien recompensado, los niveles de testosterona aumentan y la persona se convierte en alguien más seguro. Lo mismo sucede cuando una persona convive con un fracaso, su nivel de testosterona cae y la persona se vuelve menos propensa a tomar riesgos[78].

Si uno tiene arraigados en su memoria momentos en los cuales las cosas salieron mal, es probable que tenga cada vez menos apetito de riesgo. Es por ello por lo que nuestras experiencias, historias o emociones son relevantes a la hora de determinar cómo nos arriesgamos. Además, dependemos de cómo la sociedad o círculo estrecho reconoce los éxitos y los fracasos para nuestro deseo de tomar riesgos.

Entonces, ¿cómo aumentar el deseo de tomar riesgos? Una forma es a través de la educación de la mente. Para ello, es necesario vivir más en el presente, no pensando en lo que pasó en el pasado ni preocupado por lo que pudiera pasar en el futuro (que aún no pasó). Asimismo, es necesario dominar el estrés (especialmente los niveles de adrenalina y cortisol) para gestionar de mejor manera esas situaciones angustiantes con un nivel y calidad de vida saludable. Es necesario entrenar a la mente para correr los riesgos que uno puede y balancear entre más riesgo (menos certeza) y más riesgo (más incertidumbre).

Rasgos de la personalidad para la toma de riesgos

Tomar riesgos es una actitud que ha adquirido una enorme connotación social. Esta asunción de riesgos está asociada con el emprendimiento y el éxito financiero. Sin embargo, también está asociado a otros ámbitos de la vida, como los juegos de azar y los deportes extremos.

Históricamente, quienes se arriesgan abren el camino para que los demás transiten con seguridad y así la especie humana pueda sobrevivir. Ejemplos de lo anterior son Cristóbal Colón, Galileo, Newton o los hermanos Wright.

---

78 https://www.bbc.com/mundo/vert-cap-40267910

Como ya vimos, los rasgos genéticos identifican de alguna forma a los buscadores de riesgos y que, mientras más elevada sea la presencia de testosterona en el organismo, más proclive será la persona a tomar riesgos. En resumen, la testosterona es la responsable de la agresividad y del comportamiento aventurero.

Otro elemento clave para la toma de riesgo es la dopamina, neurotransmisor responsable de que las personas sientan la energía vital. Científicos israelíes identificaron un gen llamado Drd4, que se encuentra en el cromosoma 11. Este trozo de ADN fue bautizado como el "gen del riesgo" porque es el encargado de producir una proteína que reabsorbe la dopamina presente en el cerebro.

Últimamente, se busca cómo ciertos rasgos psicológicos pueden definir a las personas que toman riesgos. Se puede observar que en general, las personas que son extravertidas y abiertas a lo nuevo son las más dispuestas a correr riesgos. Asimismo, estas personas pueden a cambiar de profesión y de trabajo, muchas veces sin tener una alternativa segura.

Por el contrario, los que se caracterizan como meticulosos, neuróticos y quienes buscan complacer a los demás, son las personas menos propensas a correr riesgos. Esto porque evitan exponerse a las consecuencias negativas que puede tener el hecho de apostar por algo incierto. En este grupo, solo los neuróticos aceptan un cierto nivel de riesgo y es exclusivamente en aspectos relativos a su salud: son los que más declaran beber y fumar en exceso.

Las personas que toman riesgos revelan que se trata de personas resilientes. Es decir, ante un fracaso no se derrumban con facilidad y se levantan rápidamente para, pronto, estar haciendo una nueva apuesta.

Un estudio de la Escuela de Negocios de Londres sobre "Personalidad y propensión al riesgo"[79], determinó las características individuales que más empujan a tomar riesgos.

- **Extravertidos**: son los inclinados al riesgo por excelencia. Buscan las sensaciones nuevas, los estímulos y la compañía de

---

79 La Tercera (2009). ¿Por qué las personas toman riesgos? Disponible en:
   https://www. latercera.com/noticia/por-que-las-personas-toman-riesgos/

otros. Necesitan estar conectados con el mundo y comunicarse, lo que les permite manejar bien el estrés y no temer a arriesgarse y apostar.

- **Abiertos a lo nuevo**: buscan el riesgo porque les gusta la emoción y la aventura. Son imaginativos, creativos y pueden renunciar a un trabajo sin tener adónde irse. También pueden cambiar radicalmente de profesión. En materia financiera pueden apostar todos los huevos en la misma canasta, sin temor a perder todo.

- **Meticulosos**: son autodisciplinados, detallistas y sumisos, y de esta manera, buscan el éxito. Planean su comportamiento paso a paso; por lo tanto, no se arriesgan en lo más mínimo.

- **Neuróticos**: son inestables emocionalmente, se enojan con facilidad, se angustian, se deprimen y son vulnerables al estrés. Ellos tratan de tener todo bajo control y por lo tanto, tratan de minimizar al máximo el riesgo. Donde demuestran su mayor aversión a este es en materia financiera. El único riesgo que corren es en materia de salud: la mayoría dice que toma alcohol o fuma.

- **Complacientes**: siempre andan ayudando y no pueden pensar mal de nadie. Buscan aislarse de todo lo que signifique exponerse a consecuencias negativas. Por esto, se alejan al máximo del riesgo.

Sobre la base de lo anteriormente dicho, podemos agrupar a las personas en tres tipos, de acuerdo a su propensión o no a tomar riesgo:

a) Son propensas a tomar riesgo en todos los ámbitos de la vida.

b) Son adversas a tomar riesgo en todos los ámbitos de la vida.

c) Pueden tomar riesgos en ciertos ámbitos de la vida, pero no toman riesgos en otros ámbitos (puede ser salud, vida personal, vida laboral, finanzas, hobbies, etc.).

CIERRE

"Cuando se está en medio de las adversidades,
ya es tarde para ser cauto".

Lucio Anneo Séneca

"Sin riesgo no se hace nada grande y memorable".

Terencio

El riesgo es el efecto de la incertidumbre y en consecuencia, cómo esta puede afectar nuestros objetivos. Por un lado, debemos ser capaces de identificar y gestionar los riesgos. Nuestra tarea es estar preparados y prevenir cualquier evento que pudiera perjudicarnos. Por otro lado, no podemos vivir sin asumir riesgos. Tanto en nuestra vida personal (cada vez que salimos de nuestras casas) como en la vida empresarial (para obtener un retorno), debemos correr riesgos.

Nuestra tarea es saber y entender los riesgos a los que estamos expuestos y conocer nuestro apetito de riesgo (deseo de asumir riesgo) y nuestra capacidad.

Lo que quiero resaltar, es que el riesgo no es algo malo, no hay que tenerle miedo; por el contrario, representa una oportunidad que debemos aprovechar para estar un paso adelante de los posibles acontecimientos y cubrirnos ante eventuales situaciones que nos pongan en un lugar desfavorable. Siempre que hayamos calculado los posibles riesgos, estaremos cubiertos; es por esto, que es sumamente importante saber y querer gestionarlo.

BIBLIOGRAFÍA

Bazán, E. (2020). *Gestión integral de riesgos en entidades financieras: Una guía para diseñar, implementar y potenciar metodologías, técnicas y herramientas de gestión* . Marcel Verand.

Beres, D. (2020). *10 cosas que no sabías sobre el Titanic.* Obtenido de Reader's Digest Canada: https://www.readersdigest.ca/culture/titanic-facts-should-know/

Bolt, U. (2010). *Usain Bolt: Mi cuento 9.58.* Reino Unido: HarperCollins.

Branson, M. (27 de abril de 2017). *La suerte y la gestión de riesgo.* Obtenido de The Michael Branson Blog: http://dinaltia.com/themichaelbransonblog/la-suerte-y-la-gestion-de-credito/

BSC Designer. (29 de junio de 2020). *Indicadores Clave de Riesgo, Cuadro de Mando y Plantilla.* Obtenido de BSC Designer: https://bscdesigner.com/es/indicadores-de-riesgo-plantilla.htm

Business Autralian Government. (24 de junio de 2020). *Consejos para mejores políticas y procesos en su negocio.* Obtenido de Business: https://www.business.gov.au/risk-management/risk-assessment-and-planning/policies-procedures-and-processes

Calle, J. P. (17 de noviembre de 2017). *¿Qué es un indicador clave de riesgo (KRI)?* Obtenido de Cero: https://www.google.com.ar/amp/s/www.riesgoscero.com/blog/que-es-un-indicador-clave-de-riesgo-kri%3fhs_amp=true

Carson, B. (1994). *Think Big: Unleashing Your Potential for Excellence.* ZONDERVAN.

Carson, B. (2009). *Corre el riesgo* . Vida.

Coca Cola. (2020). *Administración integral de riesgos.* Obtenido de Coca Cola: https://coca-colafemsa.com/reportes/KOF2018/es/comprehensive-risk-management.html

Committee of Sponsoring Organizations of the Treadway Commission. (2017). *Actualización COSO ERM 2017. Nuevos riesgos, nuevas estrategias..* México: PWC. Obtenido de https://www.pwc.com/mx/es/coso-erm-framework.html

Committee of Sponsoring Organizations of the Treadway Commission. (2017). *Gestión del Riesgo Empresarial. Integrando Estrategia y Desempeño.* PWC. Obtenido de https://auditoresinternos.es/uploads/media_items/coso-2018-esp.original.pdf

Conceptos jurídicos. (agosto de 2020). *Contrato.* Obtenido de Conceptos jurídicos: https://www.conceptosjuridicos.com/ar/contrato/

Crane, M. A., Levy-Carric, N. C., Crowley, P. 2., Barnhart, S., Melissa, D., Uchechukwu, O., . . . Fatih, O. (2014). La respuesta al 11 de septiembre: un estudio de caso de desastre. *Anales de salud global, 80*(4), 320-331. Obtenido de Science Direct: https://www.sciencedirect.com/science/article/pii/S2214999614002926

Delgado, E. (29 de enero de 2018). *Gestión de riesgos Parte 2 – Partes Interesadas.* Obtenido de SPC Consulting group: https://spcgroup.com.mx/gestion-de-riesgos-parte-2-partes-interesadas/

Deloitte. (2016). *Los riesgos de la tecnología de la información en los servicios financieros: Lo que los miembros de junta necesitan saber – y hacer.* Deloitte Touche Tohmatsu Limited. Obtenido de https://www2.deloitte.com/content/dam/Deloitte/co/Documents/risk/Riesgos%20TI%20%20Servicios%20Financieros%20(ok).pdf

Dodd, D. (12 de mayo de 2016). *Leonard Fournette's $10M policies and the unregulated world of player protection.* Obtenido de NCAA FB: https://www.cbssports.com/college-football/news/leonard-fournettes-10m-policies-and-the-unregulated-world-of-player-protection/

Duque, F. J. (2016). *Gobierno y gestión de riesgos de tecnologías de información y aspectos diferenciadores con el riesgo organizacional.* Colombia: Universidad Nacional de Colombia. Obtenido de https://www.researchgate.net/publication/311206737_Gobierno_y_gestion_de_riesgos_de_tecnologias_de_informacion_y_aspectos_diferenciadores_con_el_riesgo_organizacional

Ejemplos de riesgos de viaje de la "vida real". (s.f.). Obtenido de Traver Insurance Review: https://www.travelinsurancereview.net/beginners-guide/risks/

El contexto de las decisiones de riesgo: ¿el capital social marca la diferencia? (2006). *Forum: qualitative social research.* Obtenido de ttp://www.qualitative-research.net/index.php/fqs/article/view/55/113

Faughey, L. (20 de marzo de 2015). *Is it Luck, or Good Risk Management?* Obtenido de Flexpro: https://theflexprogroup.com/is-it-luck-or-good-risk-management/

Financial Times. (s.f.). *¿Se debe exigir a los tomadores de riesgos que tengan 'skin en el juego'?* Obtenido de Financial Times: https://www.ft.com/content/704ee604-1561-11e8-9e9c-25c814761640

Fitch Ratings . (2020). *Criterios de calificación soberana.* Criteria Report. Obtenido de https://www.fitchratings.com/research/sovereigns/sovereign-rating-criteria-27-04-2020

Fonseca, J. (31 de octubre de 2010). *Sólo sé que no sé nada.* Obtenido de ¿Cuál es la probabilidad matemática de morir debido a ...?: http://jesusgonzalezfonseca.blogspot.com/2010/10/cual-es-la-probabilidad-real-de-morir.html

Gartner Inc. (2020). *Top 10 Emerging Risks of 2Q20*. Gartner. Obtenido de https://emtemp.gcom.cloud/ngw/globalassets/en/risk-audit/documents/top-ten-emerging-risks.pdf

Giang, V. (20 de junio de 2017). Qué puedes hacer para aprender a tomar más riesgos en el trabajo y la vida. *BBC Mundo*. Obtenido de https://www.bbc.com/mundo/vert-cap-40267910

Gourley, J. (2020). Australia y Nueva Zelanda han podido mantener baja su cantidad de casos de coronavirus gracias a los esfuerzos de cierre temprano. Los expertos dicen que "probablemente sea demasiado tarde" para que otros países aprendan de ellos. *Bussines Insider*. Obtenido de https://www.businessinsider.com/experts-australia-new-zealand-examples-how-to-slow-coronavirus-2020-4

Hofstede Insights. (2020). *Comparación de países*. Obtenido de Hofstede Insights: https://www.hofstede-insights.com/country-comparison/japan/

Hoomans, D. J. (2019). *35,000 decisiones: las grandes opciones de los líderes estratégicos*. Rochester: Roberts Wesleyan College. Obtenido de https://go.roberts.edu/leadingedge/the-great-choices-of-strategic-leaders

Infobae. (22 de febrero de 2012). Tragedia ferroviaria en Once: ya son 50 los muertos y hay 703 heridos. *Infobae*. Obtenido de https://web.archive.org/web/20120225003250/http://www.infobae.com/notas/633364-Exclusivo-el-momento-de-la-tragedia-que-causo-49-muertos-en-Once.html

James, H. (20 de mayo de 2016). *Lesiones deportivas: ¿quién paga por qué?* Obtenido de Insurance throught leadership: https://www.insurancethoughtleadership.com/sports-injuries-who-pays-for-what/

Lewis, M. (2018). How to Manage Life Risks, Make Better Decisions & Increase Happiness. *Money Crashers*. Obtenido de https://www.moneycrashers.com/manage-life-risks-make-better-decisions/

Low, I. (2016). Three lessons for risk management from golf. *KPMG International Cooperative* . Obtenido de https://assets.kpmg/content/dam/kpmg/xx/pdf/2016/11/three-lessons-risk-management-golf.pdf

Marca. (1 de octubre de 2015). El golf es sólo un bonito recuerdo para mí. *Marca*. Obtenido de https://www.marca.com/2015/10/01/golf/1443714365.html

Medan, M. (2017). *Prevención social y delito juvenil*. Buenos Aires: UBA Sociales. Obtenido de https://www.teseopress.com/elgobiernodelajuventudenriesgo/chapter/capitulo-3-las-tendencias-globales-en-la-gestion-de-la-juventud-en-riesgo-un-contexto-para-pensar-el-caso-argentino-6/

Melonie Heron, P. (2017). *Deaths: Leading Causes for 2017*. Centro Nacional de Estadísticas de Salud. Hyattsville: CDC. Obtenido de Principales causas de muerte: cdc.gov/nchs/data/nvsr/nvsr68/nvsr68_06-508.pdf

Merritt, S., & Clauset, A. (2014). Dinámica de puntuación en los deportes de equipo profesional: tempo, equilibrio y previsibilidad. *EPJ Data Sci, 3*(4). Obtenido de https://link.springer.com/article/10.1140/epjds29

Moncada, I. (8 de mayo de 2018). *'Skin in the game': la importancia de jugarse el pellejo*. Obtenido de IJMActualidad: https://www.juandemariana.org/ijm-actualidad/analisis-diario/skin-game-la-importancia-de-jugarse-el-pellejo

Muerza, A. F. (2014). Los doce peores desastres ecológicos del mundo. *Consumer*. Obtenido de https://www.consumer.es/medio-ambiente/los-doce-peores-desastres-ecologicos-del-mundo.html

Myers, A. (17 de septiembre de 2014). Informe: Anthony Kim podría no volver a jugar al golf para asegurarse un fuerte acuerdo de discapacidad. *Golf Digest*. Obtenido de https://www.golfdigest.com/story/report-anthony-kim-might-not-p

National Geographic en español. (s.f.). *El perfecto Shinkansen*. Obtenido de National Geographic en español: https://url2.cl/tCeIh

NDTV. (8 de junio de 2020). Nueva Zelanda declara que está libre de virus, la primera ministra Ardern dice "Did A Little Dance". *NDTV*. Obtenido de https://www.ndtv.com/world-news/coronavirus-new-zealand-clears-its-last-covid-19-case-2242393

Novo Monde. (26 de mayo de 2020). *The risks of traveling and how to prevent them?* Obtenido de Novo Monde: https://www.novo-monde.com/en/prevent-risks-of-traveling/

Nuñez, J. A. (24 de junio de 2020). *La gestión del riesgo contractual como herramienta de negocios*. Obtenido de Webdox: https://www.webdox.cl/blog/la-gestion-del-riesgo-contractual-como-herramienta-de-negocios

OkDiario. (29 de mayo de 2017). *¿Nació el lenguaje oral en la Torre de Babel?* Obtenido de OkDiario: https://okdiario.com/curiosidades/lenguaje-torre-babel-1029959

OMS. (2018). *Accidentes de tránsito. Datos y cifras.* Oganización Mundial de la Salud. Oganización Mundial de la Salud. Obtenido de https://www.who.int/es/news-room/fact-sheets/detail/road-traffic-injuries

Organización Mundial de la Salud. (7 de diciembre de 2018). *OMS.* Obtenido de Accidentes de tránsito: https://www.who.int/es/news-room/fact-sheets/detail/road-traffic-injuries#:~:text=El%20uso%20del%20cintur%C3%B3n%20de,defunci%C3%B3n%20y%20de%20traumatismos%20graves.

Osper, A. (s.f.). *¿Por qué los atletas deberían considerar el seguro de fin de carrera para protegerse contra lesiones graves?* Obtenido de Law in sport: https://www.lawinsport.com/topics/features/item/why-athletes-should-consider-career-ending-insurance-to-protect-against-serious-injuries

Padilla., C. A. (2006). *Velocidad y Accidentes: Revisión Bibliográfica sobre Causas y Efectos*. Córdoba. Obtenido de https://www.policiacordoba.gov.ar/caminera/images/fotos/19/32.pdf

Pasquini, M. (2020). Nueva Zelanda eliminará casi todas las restricciones de coronavirus a medida que el país informa de cero casos activos. *People*. Obtenido de https://people.com/health/new-zealand-lift-coronavirus-restrictions-no-active-cases/

Pegasus Safety Consulting. (2016). *Rowany Golf Club Limited. Risk assessment.* Isle of Man: Pegasus Safety Consulting Limited. Obtenido de https://www.rowanygolfclub.com/wp-content/uploads/sites/5460/2015/11/RISK-ASSESSMENT_FINAL.pdf

Peñón, I. E., & Ortega, S. R. (2018). El efecto dotación sobre los emprendedores: un vínculo arriesgado. *Estudios de economía, 45*(2). Obtenido de https://scielo.conicyt.cl/scielo.php?script=sci_arttext&pid=S0718-52862018000200231

Perfil del inversionista. (2020). Obtenido de EDUCA. Portal de educación financiera: https://www.svs.cl/educa/600/w3-article-1252.html#i__w3_arTemas_ArticuloCuerpo_1_1252_Conservador

Ramsey, E. (20 de febrero de 2013). *Mirando hacia atrás para avanzar: el legado del análisis de riesgos de The Titanic.* Obtenido de Riskope: https://www.riskope.com/2013/02/20/looking-back-to-move-forward-the-risk-analysis-legacy-of-the-titanic/

Rating Methodology. (julio de 2020). Obtenido de Country.risk: https://countryrisk.io/platform/rating-methodology/july-2020/

Reis, J. R. (2011). La percepción del riesgo en los turistas con discapacidad física. *Estudios y Perspectivas en Turismo*, 1084–1101. Obtenido de https://www.estudiosenturismo.com.ar/PDF/V20/N05/v20n5a07.pdf

Risk.net. (s.f.). *Risk.net.* Obtenido de Risk.net: https://www.risk.net/

Rittenberg, L., & Martens, F. (2012). *Enterprise risk management.* Durham: Committee of Sponsoring Organizations of the Treadway Commission. Obtenido de https://www.coso.org/Documents/ERM-Understanding-and-Communicating-Risk-Appetite.pdf

Rodríguez, L. (15 de enero de 2015). *Cómo documentar lecciones aprendidas.* Obtenido de BID Mejorando Vidas: https://blogs.iadb.org/conocimiento-abierto/es/como-documentar-lecciones-aprendidas/

Salces, J. N. (2015). *Análisis de la incidencia lesional en el fútbol profesional español en la temporada 2008-2009.* Madrid: INEF. Obtenido de http://oa.upm.es/40563/1/JAVIER_NOYA_SALCES.pdf

Sandy Smith. (9 de julio de 2002). *Experto en gestión de riesgos revela lecciones aprendidas del 11 de septiembre.* Obtenido de Sandy Smith: https://www.

ehstoday.com/archive/article/21905700/risk-management-expert-unveils-lessons-learned-from-911

Signature Golf information center. (s.f.). *Golf Course Risk Management | Finding The Problem Before It Finds You*. Signature Golf information center. Obtenido de https://www.signaturerisk.com/assets/docs/Golf_Course_Risk_Management.pdf

Superintendencia de Bancos de Guatemala. (s.f.). *Riesgo Legal*. Guatemala: Superintendencia de Bancos de Guatemala. Obtenido de https://www.sib.gob.gt/c/document_library/get_file?folderId=4528328&name=DLFE-29601.pdf

Taleb, N. (2007). *El Cisne Negro. El impacto de lo altamente improbable*. Madrid: Paidós. Obtenido de https://www.academia.edu/12482245/Nassim_Taleb-_El_cisne_negro

Taleb, N. (5 de marzo de 2018). *What do I mean by Skin in the Game? My Own Version*. Obtenido de INCERTO: https://medium.com/incerto/what-do-i-mean-by-skin-in-the-game-my-own-version-cc858dc73260

Tennis Mind Game. (julio de 2020). *Ganar el juego de riesgo en el tenis*. Obtenido de Tennis Mind Game: https://www.tennismindgame.com/two-risks.html

The National Academies Press. (1996). *Understanding Risk - Informing Decisions in a Democratic Society*. National Research Council.

U.S. Security and exchange commission. (13 de febrero de 2002). *Summary of "Lessons Learned" from Events of September 11 and Implications for Business Continuity*. Obtenido de U.S. Security and exchange commission: https://www.sec.gov/divisions/marketreg/lessonslearned.htm

Universidad de Alcalá. (2020). *¿Qué es el riesgo de un crédito?* Obtenido de Universidad de Alcalá: https://www.master-finanzas-cuantitativas.com/que-es-riesgo-credito/

Universidad de Wharton. (septiembre de 9 de 2011). *Diez años después del 11 de septiembre: gestión del riesgo en la era de lo impensable*. Obtenido de Knowledge Wharton: https://knowledge.wharton.upenn.edu/article/ten-years-after-911-risk-management-in-the-era-of-the-unthinkable/

Urbina, S., & Olivares, M. (18 de enero de 2009). ¿Por qué las personas toman riesgos? *La Tercera*. Obtenido de https://www.latercera.com/noticia/por-que-las-personas-toman-riesgos/

Vaticano. (27 de julio de 2020). Obtenido de Biblia: http://www.vatican.va/archive/ESL0506/4/UU.HTM

VComply. (20 de febrero de 2019). *Importancia de la gestión de riesgos en la vida diaria*. Obtenido de VComply: https://blog.v-comply.com/importance-of-risk-management-in-daily-lives/

Vidal, X. (26 de mayo de 2020). Las claves del éxito de Nueva Zelanda en la lucha contra la Covid-19. *La Vanguardia*. Obtenido de https://www.lavanguardia.

com/participacion/lectores-corresponsales/20200526/481384618970/claves-exito-nueva-zelanda-lucha-control-covid-19-pandemia.html

White House. (27 de julio de 2020). Obtenido de Nuestro gobierno. La Constitución.: https://www.whitehouse.gov/about-the-white-house/the-constitution/

Wikipedia. (2020). *Sociedad de riesgo.* Obtenido de Wikipedia: https://en.wikipedia.org/wiki/Risk_society

October, 2020